CRÉATIONS POUR UN MARIAGE PARFAIT

FIRST Editions

Pour Didi mon mari, parfait assistant, mon fils June et mes deux étoiles, Milo et Théo. Je vous aime.

Rendez-vous sur le blog de la Princesse aux bidouilles :
www.princesse-aux-bidouilles.com

ISBN : 978-2-7540-6616-7
Dépôt légal : août 2014
Imprimé en Espagne.
Direction éditoriale : Aurélie Starckmann
Édition : Charlotte Becchio
Couverture et conception graphique : Joséphine Cormier
Mise en page : Istria
Photographies : Axelle Katrantzis-Wolters

Éditions First, un département d'Édi8
12, avenue d'Italie
75 013 Paris – France
Tél. : 01 44 16 09 00
Fax : 01 44 16 09 01
E-mail : firstinfo@efirst.com

Site internet : www.editionsfirst.fr

Axelle Katrantzis-Wolters

DO IT YOURSELF

CRÉATIONS POUR UN MARIAGE PARFAIT

FIRST
Editions

Sommaire

INTRODUCTION

Qui a dit qu'il fallait de gros moyens pour réaliser un joli mariage ? Dans ce livre, je vous propose 90 pas à pas simples et peu onéreux pour rendre le plus beau jour de votre vie inoubliable.

Allez les amoureux, on se retrousse les manches, on s'arme de patience (eh bien oui, il ne faut pas se leurrer... à moins d'avoir une baguette magique, il va falloir s'y mettre !) et on se lance dans la création !

Donnez vie à vos rêves et embarquez vos invités avec vous... Bons préparatifs !

OUI OUI

Jean & Axelle

OUI
A & J

MENU
formule mariage
Entrées gourmandes façon Denise
Plat préféré d'André
Fromages du pays et d'ailleurs aussi
Petits desserts magiques

LA PAPETERIE

Cartes

FAIRE-PART BRODÉ

ASTUCE

COLLEZ UNE FEUILLE AU VERSO POUR CAMOUFLER VOTRE FIL.

Il vous faut :

- ✔ de la cartonnette (environ 270 g) ;
- ✔ des ciseaux ;
- ✔ une règle ;
- ✔ un crayon à papier ;
- ✔ une aiguille à broder ;
- ✔ une gomme ;
- ✔ du fil à broder.

1. Découpez dans votre cartonnette une carte aux dimensions de votre choix.

2. Écrivez votre texte au crayon à papier. Prenez ensuite votre aiguille et percez des petits trous en suivant le tracé de vos lettres (faites attention à vos doigts !). Gommez.

3. Enfilez le fil dans votre aiguille et faites un nœud à son extrémité. Débutez la broderie par le verso de votre invitation. Utilisez les repères préalablement percés et faites du point droit ou point arrière, en fonction de la lettre choisie.

4. Une fois le texte brodé, faites à nouveau un nœud au verso de votre carte et coupez à ras.

FAIRE-PART CŒUR 3D

Il vous faut :

- de la cartonnette blanche ou crème (270 g) ;
- des ciseaux ;
- une imprimante ;
- du papier calque ;
- un crayon à papier ;
- des feuilles de papier coloré ;
- de la colle.

1. Découpez votre cartonnette aux dimensions de votre choix.

2. Imprimez le texte que vous souhaitez sur la carte.

3. Sur le papier calque, tracez le cœur selon le gabarit de la p. 204.

4. Reportez deux fois le cœur sur votre papier coloré et découpez.

5. Pliez chacun des cœurs en deux. Encollez, dos à dos, la partie droite du premier cœur à la partie gauche du second.

6. Collez ensuite votre cœur 3D sur votre cartonnette !

Un effet vaporeux charmant !

VOILE ROMANTIQUE

ASTUCE

SI VOUS VOULEZ REPRODUIRE CE FAIRE-PART, DÉCOUPEZ DES CERCLES DE COULEURS ET COLLEZ-LES SUR DE LA CARTONNETTE BLANCHE.

Il vous faut :

✔ du papier calque ;

✔ votre faire-part composé d'une cartonnette avec votre texte d'invitation imprimé ;

✔ des ciseaux ;

✔ de la colle.

1. Découpez votre feuille de papier calque à la taille de votre faire-part en ajoutant 2 cm de marge à gauche.

2. Disposez votre calque sur le faire-part. Rabattez la marge de gauche au verso de votre faire-part et collez.

3. Mettez enfin certains détails de votre faire-part en valeur en ajourant votre calque, comme sur la photo ci-dessus.

FAIRE-PART TOUT CŒUR

Il vous faut :

- ✔ une cartonnette (environ 270 g) ;
- ✔ des ciseaux ;
- ✔ du papier calque ;
- ✔ un crayon ;
- ✔ de la feutrine ;
- ✔ de la colle forte liquide ;
- ✔ un rectangle de papier avec le texte de l'invitation ;
- ✔ un ruban.

1. Découpez votre cartonnette aux dimensions de votre choix en doublant la largeur que vous souhaitez donner à votre carte.
2. Pliez ensuite votre faire-part en deux. Vous obtenez une carte à deux volets.
3. Créez un gabarit en forme de cœur sur votre papier calque (voir p. 204).
4. Reportez-le sur votre feutrine et découpez-le.
5. Collez le cœur en feutrine alors sur le recto du premier volet de votre carte.
6. Glissez ensuite votre rectangle de papier avec le texte de l'invitation entre les deux volets. Puis nouez le tout avec un ruban.

ASTUCE

VOUS POUVEZ AUSSI COLLER DIRECTEMENT UN RECTANGLE DE PAPIER SUR L'INTÉRIEUR DE VOTRE INVITATION, EN VEILLANT À AVOIR IMPRIMÉ VOTRE TEXTE AU PRÉALABLE.

FAIRE-PART GUINGUETTE

On entend presque les flonflons de la fête !

Il vous faut :

- ✔ une cartonnette blanche ou crème (270 g) ;
- ✔ une imprimante ;
- ✔ du papier calque ;
- ✔ un crayon à papier ;
- ✔ des feuilles de papier coloré ;
- ✔ des ciseaux ;
- ✔ du fil à broder ;
- ✔ de la colle à papier ;
- ✔ du *masking tape*.

1. Découpez votre cartonnette aux dimensions suivantes : 10,5 x 14,8 cm.
2. Imprimez votre texte sur la cartonnette.
3. Sur le papier calque, tracez un losange selon le gabarit de la p. 204.
4. Reportez trois fois la forme sur chacun de vos papiers colorés et découpez-les.
5. Coupez 16 à 17 cm de fil à broder.
6. Pliez ensuite chaque forme découpée en deux, et disposez-les sur le fil avant d'encoller le recto au verso. Vous obtenez une guirlande de fanions.
7. Fixez votre guirlande sur le haut de votre cartonnette avec des morceaux de *masking tape*.

PERLES D'AMOUR

Il vous faut :

- ✔ de la cartonnette blanche ou crème (270 gr) ;
- ✔ une imprimante ;
- ✔ un support à perles à repasser ;
- ✔ des perles à repasser ;
- ✔ du papier sulfurisé ;
- ✔ un fer à repasser ;
- ✔ des ciseaux ;
- ✔ de la colle.

1. Découpez votre cartonnette aux dimensions de votre choix.

2. Imprimez le texte que vous souhaitez sur la carte.

3. Sur votre support, disposez vos perles à repasser en formant deux cœurs, comme sur la photo ci-dessous.

4. Placez un papier sulfurisé sur vos formes et passez un coup rapide de fer à repasser. Vos perles fondent et sont maintenant solidaires les unes des autres.

5. Laissez refroidir avant de retirer les cœurs du support.

6. Une fois les cœurs refroidis, collez-les sur votre faire-part.

MINI-PARCHEMIN

C'est tout mignon, tout beau !

Il vous faut :

- ✔ une feuille de papier ;
- ✔ des ciseaux ;
- ✔ une règle ;
- ✔ une imprimante ;
- ✔ de la colle forte liquide ;
- ✔ deux cure-dents ;
- ✔ du *baker twine* (ficelle bicolore).

1. Dans votre papier, découpez un rectangle à l'aide d'une règle. Un seul impératif : sa hauteur ne doit pas excéder 6,3 cm.

2. Imprimez votre texte sur le rectangle de papier.

3. Encollez votre premier cure-dent à l'extrémité de votre papier dans le sens de la hauteur. Faites de même à l'autre extrémité avec le second pic.

4. Enroulez votre papier autour des cure-dents pour former un mini-parchemin.

5. Pour maintenir le parchemin fermé, nouez un morceau de *baker twine*.

Enveloppes

Une petite touche de fantaisie !

ENVELOPPE À POIS

Il vous faut :

- ✔ un crayon à papier avec gomme ;
- ✔ une enveloppe à rabat en triangle ;
- ✔ un encreur.

1. Imprégnez votre gomme d'encre et appliquez-la sur l'intérieur de votre enveloppe. Répétez l'opération autant de fois que vous le souhaitez.
2. Laissez sécher en veillant à ce que l'enveloppe reste bien ouverte, pour éviter les taches.

L'UNIQUE

Il vous faut :

- ✔ une enveloppe à rabat en triangle ;
- ✔ du papier calque ;
- ✔ un crayon à papier ;
- ✔ une règle ;
- ✔ du papier à motifs ;
- ✔ des ciseaux ;
- ✔ de la colle.

1. Ouvrez votre enveloppe, la face collante vers vous.
2. Placez votre calque et tracez le contour de l'enveloppe à l'aide d'une règle, en excluant la partie collante.
3. Reproduisez cette forme sur votre papier à motifs et découpez-la.
4. Mettez de la colle sur la partie non collante du rabat en triangle et glissez votre forme dans l'enveloppe.

MINI-ENVELOPPE

Il vous faut :

- ✔ de jolies feuilles de papier A4 ;
- ✔ des ciseaux ;
- ✔ un crayon à papier ;
- ✔ une règle ;
- ✔ un carton avec votre message ;
- ✔ un autocollant.

1. Découpez un cœur géant dans une feuille A4. Vous pouvez utiliser le gabarit de la p. 204 en l'agrandissant à 384 %.
2. Tracez un trait horizontal de 10 cm allant d'une extrémité à l'autre de la pointe du cœur.
3. À partir de ce trait, tracez deux droites perpendiculaires, comme sur l'illustration ci-dessous.
4. Pliez ensuite les bords extérieurs de votre cœur vers l'intérieur en suivant les perpendiculaires tracées.
5. Rabattez alors le haut du cœur sur environ 7 cm. Vous devez arriver à la première ligne droite marquée.
6. Glissez votre message et fermez l'enveloppe avec un autocollant.

Pour vos mots pleins d'amour !

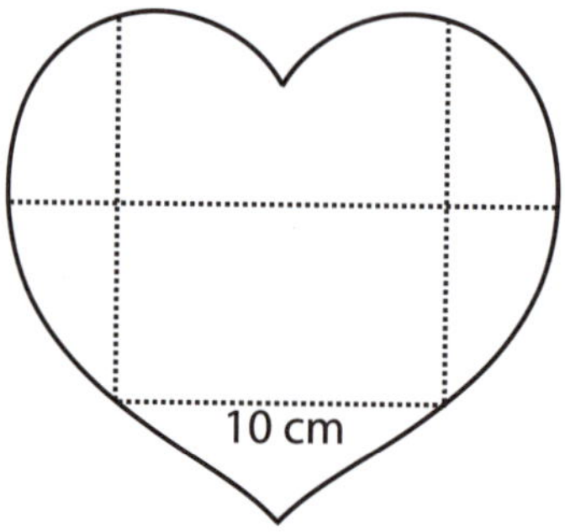

MERCI
Wm. L. Hoge,
BUTTE
SADDLE
WILLIAM WA
MONTANA.
& PRICE,
Wholesale and retail dealers in
GROCERIES,
PROVISIONS,
HOSTETTER'S
CELEBRATED
STOMACH
BITTERS
For sale by all Druggists and dealers generall
th-Western
D SHORT LINE
ST MAIL ROUTE
AGO
BUTTE BREWERY

Menus

MENU
formule mariage
Entrées gourmandes façon Denise
Plat préféré d'André...
Fromages du pays et d'ailleurs aussi
Petits desserts magiques
et du bon vin (et pas que...)

MENU ÉVENTAIL

Il vous faut :

- ✔ du papier épais d'environ 270 g ;
- ✔ une imprimante ;
- ✔ un pistolet à colle ;
- ✔ des bâtonnets à glace en bois ;
- ✔ du ruban.

1. Imprimez votre menu sur une feuille de papier au format A6.

2. Collez votre menu sur le haut de votre bâtonnet en bois, en utilisant le pistolet à colle. Veillez à bien le centrer.

3. Découpez un bout de ruban et nouez-le sur le bâtonnet. Vos invités pourront ainsi s'éventer pendant le repas !

Brasserie du
BAL
perdu...
Formule Mariage
(uniquement le soir)
Plat du soir
Fromages
Dessert
(vin et café compris!)
et quelques surprises...
et "c'était bien"...
CA

MENU *TOUT DOOR*

Il vous faut :

- ✔ une vieille porte en bois ;
- ✔ des tréteaux ;
- ✔ une ponceuse ;
- ✔ une balayette (ou un aspirateur) ;
- ✔ de la peinture pour bois ;
- ✔ deux pinceaux ;
- ✔ un rouleau de scotch à peindre ;
- ✔ de la peinture ardoise ;
- ✔ une craie.

1. Disposez votre porte à plat sur des tréteaux et poncez. Époussetez ou aspirez les résidus, sinon gare aux mauvaises surprises...
2. Peignez alors la porte dans le coloris de votre choix et attendez le séchage complet. Deux couches peuvent être nécessaires.
3. Créez ensuite un cadre avec votre scotch à peindre.
4. Peignez l'intérieur du cadre avec la peinture ardoise et attendez le séchage.
5. Écrivez votre menu à la craie avant de mettre votre menu *tout door* à l'entrée de la salle de réception.

Divers

AUTOCOLLANTS PERSONNALISÉS

Il vous faut :

- ✔ des rouleaux de *masking tape* ;
- ✔ des ciseaux ;
- ✔ une feuille autocollante ;
- ✔ du papier calque ;
- ✔ un crayon à papier.

1. Coupez des bandes de *masking tape* et recouvrez votre feuille autocollante.

2. Sur le papier calque, tracez au crayon un cercle au format souhaité (ou utilisez le gabarit de la p. 208).

3. Reportez le cercle sur la feuille autocollante et découpez-le. Vous obtenez votre autocollant personnalisé. Celui dont vous avez toujours rêvé !

RUBAN D'AMOUR

Il vous faut :

- ✔ des tampons ;
- ✔ un encreur ;
- ✔ du ruban.

Tamponnez votre message lettre après lettre sur votre ruban et laissez bien sécher.

Pour habiller votre faire-part, pour les paquets de vos invités… Le ruban à message peut se glisser partout !

LES MARIÉS

La mariée

Accessoires pour cheveux

PEIGNE FLEURI

Il vous faut :

- ✔ un pistolet à colle ;
- ✔ du fil à broder ;
- ✔ un peigne ;
- ✔ des ciseaux ;
- ✔ deux petites fleurs artificielles à tige métallique.

1. Encollez l'extrémité de votre fil à broder au dos de votre peigne, à la base des dents.
2. Enroulez alors votre fil sur la partie visible de votre peigne en passant entre les dents.
3. Une fois le peigne recouvert, encollez votre fil à broder au dos du peigne comme à l'étape 1 et coupez votre fil.
4. Disposez vos fleurs sur le devant du peigne et enroulez leur tige pour les maintenir.

ÉPINGLE CŒUR

Il vous faut :

- ✔ du papier calque ;
- ✔ un crayon à papier ;
- ✔ du simili-cuir ;
- ✔ des ciseaux ;
- ✔ une épingle à cheveux plate ;
- ✔ de la colle forte liquide.

1. Sur votre papier calque, tracez un cœur selon le gabarit de la p. 204.
2. Reportez votre cœur au dos du simili-cuir et découpez-le.
3. Placez-le ensuite sur l'épingle, collez-le et laissez sécher !

BARRETTE ROM'ANTIQUE

Il vous faut :

- ✔ du simili-cuir doré ;
- ✔ des ciseaux ;
- ✔ un pistolet à colle ;
- ✔ une barrette à clip.

1. Découpez des petites feuilles en simili-cuir. Inspirez-vous du gabarit de la p. 204, en l'adaptant à la taille de votre barrette.
2. Mettez un point de colle bien chaud sur le devant de la barrette et disposez votre première feuille. Ne vous brûlez pas !
3. Répétez l'opération jusqu'à ce que la barrette soit recouverte intégralement. Les feuilles doivent s'imbriquer les unes aux autres, comme dans un puzzle.

BARRETTE CIRCUS

Il vous faut :

- ✔ du papier calque ;
- ✔ un crayon ;
- ✔ de la feutrine ;
- ✔ des ciseaux ;
- ✔ du simili-cuir ;
- ✔ un pistolet à colle ;
- ✔ une barrette à clip.

1. Sur le papier calque, tracez au crayon les motifs de fleurs à partir des gabarits A et B de la p. 206.

2. Reportez-les sur la feutrine et découpez-les.

3. Découpez ensuite un cercle dans le simili-cuir en reproduisant le gabarit C.

4. Collez votre cercle au centre de la partie moyenne de votre fleur, puis collez cette dernière sur la plus grande. Votre fleur est maintenant formée.

5. Collez l'ensemble de votre fleur sur votre barrette à clip. Et voilà une barrette prête pour votre entrée !

garanti sans couture !

HEADBAND ROMANTIQUE

Il vous faut :

- ✔ des rubans de dentelle ;
- ✔ des ciseaux ;
- ✔ du fil élastique large ;
- ✔ un pistolet à colle.

1. Pour commencer, coupez vos rubans. Chaque morceau doit mesurer 40 cm de longueur.
2. Coupez ensuite 13 cm de fil élastique.
3. Mettez une pointe de colle à l'extrémité de votre bande élastique et collez-y l'extrémité d'un ruban de dentelle. Faites pareil pour l'autre bout.
4. Répétez l'opération pour chacun de vos rubans.

Une touche Années folles !

PINCE RÉTRO

Il vous faut :

- ✔ quatre plumes ;
- ✔ des ciseaux ;
- ✔ une pince à cheveux à clip ;
- ✔ un ruban de satin ;
- ✔ un pistolet à colle ;
- ✔ des strass ;
- ✔ de la colle extraforte avec embout de précision.

1. Commencez par couper les pointes rigides de vos plumes.

2. Prenez ensuite une plume et collez-la horizontalement sur la pince avec le pistolet.

3. Encollez ensuite chacune des plumes sur la première, en faisant attention à l'harmonie des formes et des couleurs.

4. Camouflez les bases de vos plumes en collant un morceau de ruban.

5. Pour un effet rétro, collez des strass sur la partie centrale des plumes les plus en avant. Pour cette opération, utilisez de la colle extraforte avec embout de précision.

ÉPINGLE DE STAR

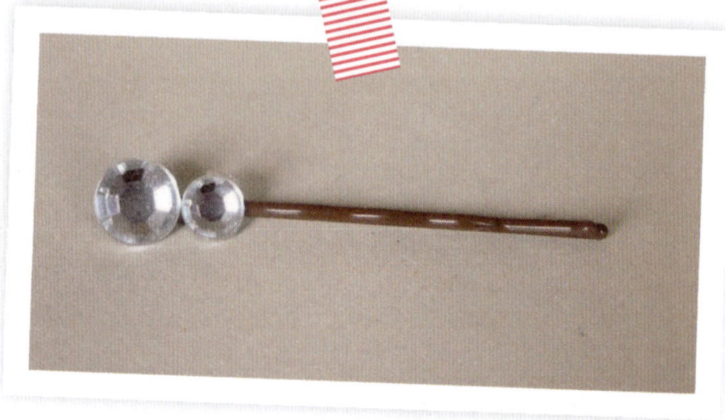

Il vous faut :

- ✔ un pistolet à colle ;
- ✔ une épingle plate ;
- ✔ des strass.

1. Mettez un point de colle chaude à l'extrémité fermée de l'épingle.
2. Disposez rapidement votre premier strass et maintenez fermement jusqu'à son adhésion complète.
3. Répétez l'opération pour chacun de vos strass. Vous pouvez maintenant jouer à la star !

COURONNE DE FLEURS

Une allure romantico-bohème !

Il vous faut :

- ✔ un mètre à mesurer ;
- ✔ une pince coupante ;
- ✔ du fil de fer ;
- ✔ des fleurs et feuilles en tissu à tige métallique ;
- ✔ des fleurs et feuilles en tissu sans tige ;
- ✔ un pistolet à colle ;
- ✔ du ruban double face ;
- ✔ des rubans en dentelle.

1. Mesurez et coupez environ 1,28 m de fil de fer. Pliez votre fil en deux et torsadez-le en faisant une boucle.

2. Voilà, votre ossature est prête ! Il faut maintenant fixer les fleurs. Vous pouvez monter deux types de fleurs et feuilles en tissu, à tige métallique ou sans tige.

Les fleurs à tige métallique

Si vous choisissez les fleurs et feuilles à tige métallique, fixez-les en torsadant leur tige de fer autour de l'ossature métallique.

Les fleurs en tissu sans tige

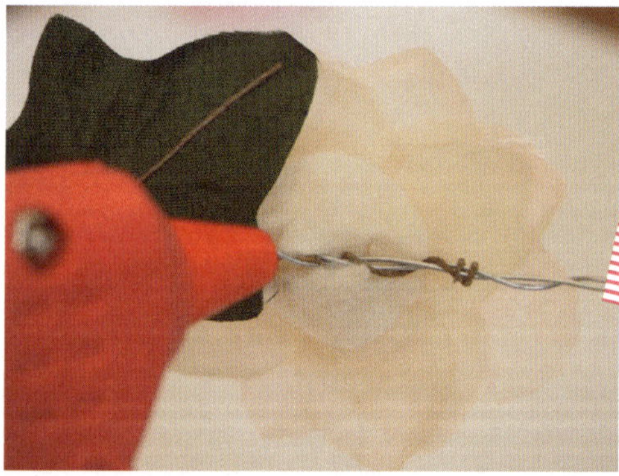

Si vous optez pour les fleurs ou feuilles en tissu sans tige, munissez-vous de votre pistolet à colle et collez chacun des éléments sur l'ossature métallique.

Montez toutes vos fleurs et feuilles. Veillez à garder une certaine symétrie et à disposer les fleurs les plus grandes sur le devant de votre couronne.

3. Une fois les fleurs et feuilles montées, fermez votre couronne en passant vos deux bouts de fil de fer dans la boucle et torsadez.

4. Prenez votre ruban double face, ouvrez-le en enlacant la partie métallique de votre couronne, et glissez-y les rubans de dentelle.

5. Mettez de la colle sur toute la longueur de votre ruban double face et refermez-le autour de la structure. Le pistolet à colle permet un geste de précision et un séchage quasi immédiat. Vous pouvez aussi coudre votre ruban si vous êtes plus à l'aise. Votre couronne est finie !

Chaussures customisées

STRASS SUR SEMELLE

Un petit message discret…

Il vous faut :

- ✔ de l'eau savonneuse ;
- ✔ du coton ;
- ✔ des strass adhésifs ;
- ✔ de la colle extraforte ;
- ✔ votre paire de chaussures de mariée.

1. Nettoyez bien vos semelles avec de l'eau savonneuse et du coton.

2. Collez vos strass minutieusement pour former un cœur, ou vos initiales par exemple. Ils doivent être disposés dans la courbure de la chaussure pour éviter tout frottement. Vos chaussures de mariée sont désormais uniques !

Vous allez briller, mesdames !

CLIPS MOULIN-ROUGE

Il vous faut :

- du papier calque ;
- un crayon à papier ;
- de la cartonnette ;
- des ciseaux ;
- de la colle extraforte ;
- des sequins ;
- un pistolet à colle ;
- deux pinces plates à clip.

1. Sur le papier calque, tracez un cœur selon le gabarit de la p. 204.

2. Reportez le motif sur votre cartonnette et découpez.

3. Mettez de la colle sur votre cœur et disposez, un à un, vos sequins en commencant par l'extérieur. Ces derniers doivent se superposer.

4. Une fois que les sequins ont bien adhéré, retournez votre cœur et collez-le à votre pince à clip au pistolet à colle.

Nail art

DOIGTS AMOUREUX

Pour les romantiques !

Il vous faut :

- ✔ une lime à ongles ;
- ✔ une base transparente ;
- ✔ du vernis transparent ;
- ✔ du vernis blanc ;
- ✔ du vernis coloré ;
- ✔ un cure-dent.

1. Avant toute chose, limez bien vos ongles et appliquez une base et du vernis transparent.

2. Faites-vous une french manucure en vernissant en blanc les extrémités de vos ongles.

3. Prenez maintenant votre cure-dent et plongez-le dans votre vernis coloré. Disposez alors deux micro-gouttes parallèles sur votre annulaire. Le sommet de votre cœur est formé.

4. N'attendez pas le séchage des deux points, mais étirez tout de suite le vernis pour former votre cœur, en utilisant le cure-dent comme une mine de crayon.

DOIGTS EN FÊTE

Il vous faut :

- ✔ une lime à ongles ;
- ✔ une base transparente ;
- ✔ du vernis pailleté ;
- ✔ du vernis transparent.

1. Avant toute chose, limez bien vos ongles et appliquez une base transparente.

2. Disposez ensuite du vernis pailleté à l'extrémité de votre ongle et recouvrez entièrement la partie blanche.

3. Essuyez ensuite votre pinceau et étalez les paillettes restantes en descendant sur un tiers de l'ongle. Vous devez avoir un effet transparent avec quelques paillettes qui semblent s'échapper.

4. Fixez le tout en passant du vernis transparent sur l'ensemble de l'ongle.

Bouquets

BOUQUET DE BOUTONS

Il vous faut :

- ✔ du fil de fer souple ;
- ✔ une pince coupante ;
- ✔ des boutons ;
- ✔ un pistolet à colle ;
- ✔ des petites fleurs en tissu à tige métallique ;
- ✔ des feuilles en tissu à tige métallique ;
- ✔ des plumes ;
- ✔ un ruban de dentelle.

1. Pour fabriquer une tige, coupez environ 21 cm de fil de fer et recourbez-le pour former un angle droit sur environ 2 cm.
2. Fixez votre fil sur le dos de votre bouton en utilisant le pistolet à colle.
3. Une fois tous vos boutons montés sur tige, torsadez les fils de fer entre eux pour obtenir un bouquet bien rond et uniforme.
4. Ajoutez quelques fleurs et plumes au sein de votre bouquet pour donner du volume.
5. Disposez ensuite quelques feuilles sur l'extérieur du bouquet.
6. Camouflez vos tiges en enroulant et en nouant un ruban de dentelle.

Un bouquet immortel !

BOUQUET D'HIVER

Il vous faut :

- de la laine ;
- deux rouleaux de papier toilette ;
- des ciseaux ;
- du fil de fer vert de 2,7 mm de diamètre ;
- une pince coupante ;
- un pistolet à colle ;
- de la feutrine verte ou assortie à votre laine ;
- un ruban ;
- de la ficelle.

1. Pour la fabrication des fleurs pompons, coupez un morceau de laine d'environ 15 cm et réservez-le.

2. Prenez les deux rouleaux de papier toilette et maintenez-les entre eux en y insérant les doigts. Enroulez votre laine et coupez-la quand vous le souhaitez. Plus vous ferez de tours et plus le pompon sera touffu.

3. Passez alors votre fil de laine, coupé préalablement, entre les deux rouleaux et nouez-le.

4. Retirez votre laine des rouleaux et refaites un nœud pour que la laine du pompon soit bien maintenue. Vous obtenez un cercle de laine dont vous allez devoir couper les multiples boucles.

5. Il faut ensuite ébouriffer la fleur et faire une dernière retouche à sa coiffure pour obtenir une jolie forme de pompon.

6. Occupez-vous désormais de la tige de votre fleur. Coupez 21 cm de votre fil de fer et recourbez-le, comme sur la photo ci-dessous. Vous obtenez une espèce de socle.

7. À l'aide du pistolet à colle, fixez votre pompon sur votre socle.

8. Afin de cacher ce socle disgracieux, coupez un morceau arrondi de feutrine, que vous allez coller sur la base de la fleur pompon.

9. Une fois toutes vos fleurs réalisées, nouez-les entre elles et entourez les tiges intégralement avec un ruban, que vous maintiendrez avec une ficelle nouée. Votre bouquet est fini !

FLEURS DE PAPIER

Il vous faut :

- du papier calque ;
- un crayon ;
- des ciseaux ;
- des feuilles de papier coloré ;
- un pistolet à colle ;
- de la colle liquide ;
- des paillettes ;
- du fil de fer vert de 2,7 mm de diamètre ;
- une pince coupante ;
- un ruban.

1. Sur le papier calque, tracez au crayon la forme du gabarit de la p. 208.

2. Reportez-la sur votre papier coloré plusieurs fois et découpez.

3. Prenez un disque de papier et découpez la moitié de son diamètre.

4. Formez ensuite une coupelle, plus ou moins serrée, et collez-la avec votre pistolet à colle.

5. Formez autant de coupelles que vous le désirez, puis encollez-les entre elles pour créer une fleur.

6. Une fois le pétale central disposé, versez de la colle liquide, saupoudrez de paillettes pour former le pistil et laissez sécher.

7. Avec la pince coupante, coupez ensuite 25 cm de fil de fer pour former la tige. Mettez un point de colle au pistolet au dos de votre fleur et placez-y l'extrémité de la tige. Tenez l'ensemble jusqu'au séchage complet.

8. Une fois toutes vos fleurs créées, nouez votre bouquet avec un joli morceau de ruban !

Le marié

Boutonnières

MOULIN À VENT

Il vous faut :

- ✔ deux carrés de feutrine de 8 cm de côté de coloris différents ;
- ✔ de la colle extraforte ;
- ✔ des ciseaux ;
- ✔ une aiguille à coudre ;
- ✔ du fil à coudre ;
- ✔ un joli bouton ;
- ✔ une attache de broche.

1. Prenez vos coupons de feutrine et encollez-les entre eux sur toute la surface.

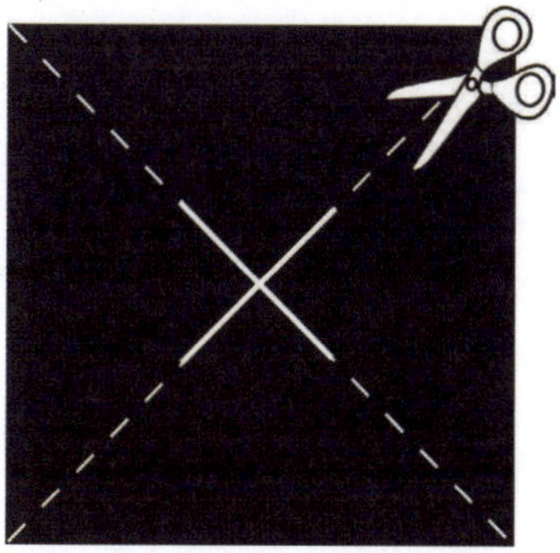

2. À partir d'un angle, découpez un tiers de la diagonale marquée par votre pliage. Puis répétez l'opération pour chacun des angles. Vous obtenez huit pointes, c'est-à-dire deux pointes à chaque angle droit.

3. Vous devez maintenant rabattre une pointe sur deux vers le centre du carré et encoller.

4. Cousez alors votre bouton au centre de votre moulin.

5. Pour finir, cousez votre attache de broche au dos de votre création. C'est simple à faire et le résultat est superbe !

BOUTONNIÈRE À PLUMES

Il vous faut :

- ✔ des plumes de différentes tailles et formes ;
- ✔ du fil ;
- ✔ des ciseaux ;
- ✔ du ruban ;
- ✔ un pistolet à colle ;
- ✔ une attache de broche.

ASTUCE

POUR LES "ALLERGIQUES" AUX FLEURS ! VOUS TROUVEREZ FORCÉMENT CELLES QUI S'ACCORDERONT PARFAITEMENT AUX COULEURS DE VOTRE MARIAGE !

1. Prenez les plumes et agencez-les les unes par rapport aux autres. Il est important de jouer sur la hauteur. Les plumes les plus grandes doivent être disposées dans le fond, tandis que les plus petites sont placées devant.

2. Nouez ensuite vos plumes avec le fil. Serrez bien afin que les plumes ne bougent plus.

3. La pointe rigide des plumes ne doit pas excéder 4 cm, sinon ce n'est pas esthétique.

4. Prenez maintenant votre ruban et enroulez-le autour des pointes pour les dissimuler.

5. Coupez votre ruban et collez son extrémité au dos de votre composition. Parce que la couture sur le devant, ce n'est pas très joli...

6. Une fois que tout cela a bien séché, vous pouvez coller votre attache de broche sur le dos du ruban.

BOUTONNIÈRE GEEK

Il vous faut :

- ✔ une figurine de votre choix ne mesurant pas plus de 8 cm. ;
- ✔ un pistolet à colle ;
- ✔ une attache de broche.

1. Munissez-vous de votre pistolet à colle et mettez de la colle au dos de votre figurine.

2. Posez ensuite votre attache de broche rapidement !

Divers

BOUTONS DE MANCHETTES LUDIQUES

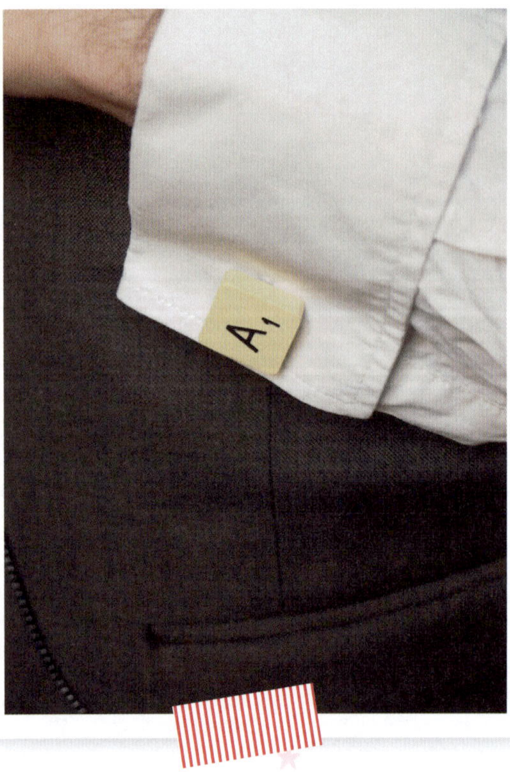

Affichez votre personnalité !

Il vous faut :

- ✔ un pistolet à colle ;
- ✔ des lettres de Scrabble® ;
- ✔ deux attaches pour boutons de manchettes.

1. Mettez un point de colle au dos de votre lettre avec le pistolet.
2. Posez rapidement votre attache de bouton de manchette en la centrant bien.

NŒUD PAPILLON

Il vous faut :

- trois coupons de tissus : 13 x 12 cm, 9 x 12 cm, 6 x 5 cm ;
- du fil à coudre ;
- une aiguille à coudre ;
- des épingles ;
- 42 cm d'élastique large.

1. Prenez le plus grand des coupons de tissu. Pliez-le en deux sur l'envers et cousez au point droit sur toute la longueur. Retournez ensuite votre étui de tissu.

2. Placez la couture au centre de votre étui et rabattez chacune de ses extrémités vers l'intérieur. Maintenez avec des épingles.

3. Cousez les extrémités au point droit.

4. Reproduisez les étapes 1 à 3 pour le coupon de taille intermédiaire.

5. Placez ensuite le coupon moyen sur le plus grand en le centrant.

6. Prenez alors le plus petit des coupons. Rabattez ses extrémités et cousez au point droit afin d'obtenir une bande de 3 cm de large sur 5 cm de haut.

7. Enserrez le centre des deux rectangles superposés avec ce dernier coupon. Cousez alors ses extrémités entre elles en veillant à ce que la couture se situe au dos de votre nœud papillon. Sinon ce n'est pas joli...

LA CÉRÉMONIE

Porte-alliances

CERCLE À BRODER

Il vous faut :

- un cercle à broder ;
- du tissu ;
- de la laine fine ;
- des ciseaux ;
- une aiguille à broder.

1. Ouvrez votre cercle à broder en dévissant l'ouverture. Et voilà, vos deux cercles se séparent !

2. Placez votre tissu sur le plus petit des cercles de bois, puis englobez-le avec l'autre cercle.

3. Revissez la fermeture.

4. Coupez deux bouts de laine relativement longs.

5. Insérez le premier bout de laine dans le chas de l'aiguille et faites un nœud à son extrémité.

6. Prenez votre cercle à l'envers et piquez votre aiguille au milieu, en le décalant légèrement vers la droite, jusqu'à ce qu'il ressorte de l'autre côté. Renouvelez l'opération avec le second fil, mais cette fois en le décalant vers la gauche.

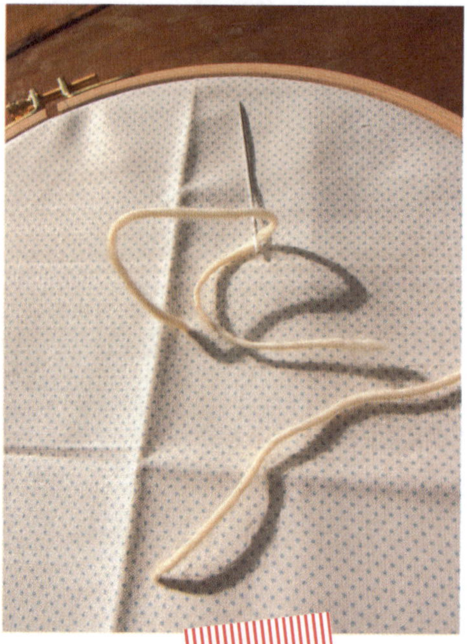

7. Prenez maintenant les alliances et passez-les dans les fils avant de les nouer comme indiqué ci-dessous.

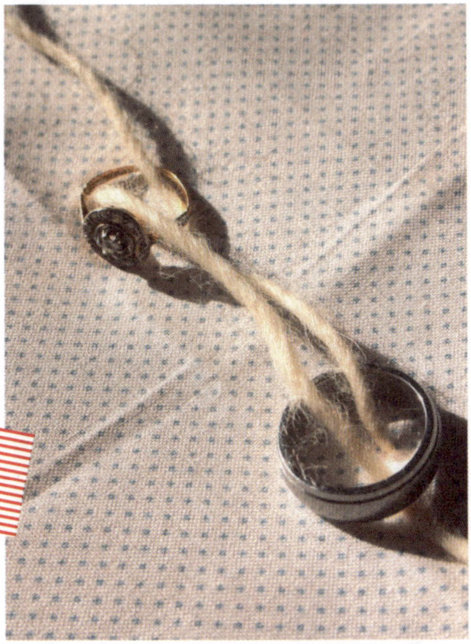

LIVRE-UNION

Le porte-alliances littéraire par excellence !

Il vous faut :

- ✔ un livre (à sacrifier...) ;
- ✔ un crayon ;
- ✔ une règle ;
- ✔ un cutter ;
- ✔ un ruban.

1. Tracez un rectangle sur la page de votre choix à l'aide d'une règle et, avec le cutter, découpez, puis retirez délicatement plusieurs pages en même temps. La découpe doit être profonde afin que le livre puisse être fermé malgré la présence des alliances.

2. Passez votre ruban dans votre rectangle découpé, au-dessus et en dessous des pages.

3. Enfilez vos alliances sur le ruban et nouez-le joliment sur la tranche du livre. Vous pourrez ainsi ouvrir votre livre au bon endroit au moment fatidique !

Pour la sortie

BAGUETTE À RUBANS

Il vous faut :

- ✔ des pics en bois de type brochette ;
- ✔ des ciseaux ;
- ✔ un pistolet à colle ;
- ✔ des rubans colorés de différentes matières.

À agiter avec conviction pour fêter les mariés ! C'est mieux que les serviettes...

1. Découpez 30 cm de chacun de vos rubans.
2. Mettez un point de colle en haut de votre pic et nouez par-dessus votre premier ruban.
3. Répétez l'opération pour l'ensemble de vos rubans.

CONFETTIS BRILLANTS

Il vous faut :

- ✔ des guirlandes de Noël ;
- ✔ des ciseaux ;
- ✔ une boîte avec couvercle.

1. Avec patience, découpez les franges de votre guirlande en petits bouts. Mettez-vous bien au-dessus de votre récipient.

2. Stockez vos confettis dans votre boîte en attendant de choisir le packaging adéquat (voir Sticks à confettis, p. 99).

Un air magique 100 % récup' !

Pour la sortie de l'église ou de la mairie, ou encore pour habiller vos tables !

CONFETTIS GÉANTS

Il vous faut :

- ✔ du papier calque ;
- ✔ un crayon à papier ;
- ✔ du papier de soie ;
- ✔ des ciseaux.

1. Dessinez un cercle sur le papier calque (voir gabarit p. 208).

2. Reportez-le ensuite autant de fois que vous le désirez sur votre papier de soie. Enfin, découpez l'ensemble des cercles.

ASTUCE

VOUS POUVEZ AUSSI INVESTIR DANS UNE PERFORATRICE GÉANTE. MAIS ATTENTION : VOUS DEVEZ PLACER UNE FEUILLE DE PAPIER ÉPAIS SOUS VOTRE PAPIER DE SOIE AVANT DE PERFORER, SINON GARE AUX DÉCHIRURES ! ET CELA FAIT MAL......

STICKS À CONFETTIS

Il vous faut :

- ✔ du papier calque ;
- ✔ un crayon à papier ;
- ✔ du papier coloré ;
- ✔ des ciseaux ;
- ✔ des protège-documents transparents ;
- ✔ un stylo à encre indélébile ;
- ✔ une règle ;
- ✔ de la colle forte liquide ;
- ✔ une agrafeuse ;
- ✔ des confettis ;
- ✔ des rubans ;
- ✔ un pistolet à colle.

1. Sur le papier calque, tracez un cœur selon le gabarit de la p. 204.

2. Reportez-le sur votre papier coloré et découpez-le.

3. Tracez sur votre protège-documents des bandes de 5 cm de large sur 10,5 cm de long au stylo à encre indélébile, à l'aide d'une règle et découpez-les.

4. Pliez ensuite votre bande en trois dans sa longueur. Une fois la dernière partie rabattue, collez à la colle forte pour obtenir un tube.

5. Rabattez maintenant l'une des extrémités du tube et agrafez. Votre tube se transforme alors en stick.

6. Garnissez de confettis et agrafez l'autre extrémité pour fermer le stick.

7. Découpez ensuite vos rubans et collez-les au dos de votre cœur en papier avant de le fixer, au pistolet à colle, sur le haut de votre stick. Créez les autres sticks de la même facon.

Thomas
Laure

Les dents
de
l'amour

LA DÉCORATION

Les tables

Plans de table

ARDOISE

Ce plan de table est idéal pour les modifications de dernière minute !

Il vous faut :

- ✔ une planche de bois ;
- ✔ un pot de peinture ardoise (de nombreux coloris sont disponibles) ;
- ✔ un rouleau à peinture ;
- ✔ des craies.

1. Recouvrez de peinture ardoise l'intégralité de votre planche en utilisant le rouleau. En fonction de la peinture que vous aurez choisie, plusieurs couches peuvent être nécessaires.

2. Laissez sécher.

3. Débutez maintenant la partie amusante et vivez un retour en enfance bien sympathique ! Inscrivez les noms des tables et de vos convives à la craie.

ASTUCE

CUSTOMISEZ DAVANTAGE EN INTÉGRANT DU *MASKING TAPE*, DES FANIONS...

Idéal pour les voyageurs... mais pas que !

GLOBE-TROTTER

Il vous faut :

- ✔ une valise ;
- ✔ du nylon ou de la cordelette ;
- ✔ des ciseaux ;
- ✔ du scotch double face ;
- ✔ des étiquettes ;
- ✔ des pinces à linge.

1. Posez votre valise ouverte verticalement face à vous. Prenez votre fil de nylon ou votre cordelette, entourez le premier pan de la valise et nouez fermement. Faites de même pour le second pan. Vos fils ne doivent plus glisser. Utilisez du scotch double face si nécessaire. Répétez l'opération pour obtenir le nombre de rangées qui vous sera nécessaire afin d'intégrer l'ensemble de vos étiquettes de noms.

2. Attachez alors vos étiquettes avec des pinces à linge. Et inscrivez-y vos plans de table.

LA FORÊT AUX 1 000 NOMS

Il vous faut :

- ✔ des branches d'arbres (autant que de tables) ;
- ✔ un pot de fleurs ;
- ✔ de la ficelle ;
- ✔ des ciseaux ;
- ✔ des étiquettes américaines à œillet au nom de chaque invité ;
- ✔ du terreau.

ASTUCE

UTILISEZ DES ÉTIQUETTES OU DES ŒILLETS DE COULEURS DIFFÉRENTES POUR DISTINGUER FACILEMENT VOS TABLES !

1. Plantez chaque branche d'arbre dans un pot, que vous aurez préalablement lesté de terreau.

2. Coupez des bouts de ficelle d'environ 10 cm et nouez-les dans vos étiquettes. Vous pouvez aussi créer vous-même vos étiquettes en reproduisant le gabarit de la p. 208 sur du papier épais. Découpez ensuite la forme et perforez pour former le trou d'un œillet.

3. Notez le nom de chaque convive sur chaque étiquette, ainsi que son numéro ou nom de table.

4. Accrochez maintenant l'ensemble des étiquettes d'une même table sur la branche correspondante.

Faites parler le cœur du bûcheron qui est en vous !

Un plan de table minimaliste très naturel !

PLAN DE TABLE NATURE

Il vous faut :

- des planches en bois (autant que de tables) ;
- une perceuse ;
- des pics à brochette en bois ;
- des étiquettes au nom de chaque invité ;
- un pistolet à colle.

1. Avant toute chose, si vous désirez customiser votre planche : c'est le moment ! Peinture, collage... Personnellement, j'ai décidé de la laisser brute. Percez ensuite vos planches. Chaque trou représente un convive. Le diamètre doit être à peine supérieur à la taille de votre pic !

2. À l'extrémité de chaque pic, collez l'étiquette avec le nom de votre invité et laissez sécher.

3. Plantez maintenant vos pics sur vos planches. Une planche équivaut à une table.

Centres de table

NAPPERONS DE PAPIER

Il vous faut :

- ✔ des feuilles blanches A4 ;
- ✔ une règle ;
- ✔ un crayon ;
- ✔ des ciseaux.

C'est moins cher que le crochet !

1. Avec votre règle, tracez un carré sur votre feuille et découpez-le.

2. Pliez ensuite dans la diagonale et répétez ce pliage autant de fois que vous le désirez. Plus vous ferez de plis et plus votre napperon comportera de découpes.

3. Passons maintenant à la découpe. Si vous souhaitez un napperon circulaire, prenez la pointe dans votre main et coupez l'extrémité de votre feuille en faisant un arrondi.

4. Pour obtenir un trou au centre de votre napperon, vous devez couper la pointe de votre feuille.

5. Découpez ensuite votre feuille en faisant des carrés, des triangles, des demi-courbes...

6. Dépliez enfin votre feuille délicatement. Votre napperon est réalisé !

Si vous n'avez pas suivi l'étape 3, vous obtenez un napperon carré.

CENTRE DE TABLE LITTÉRAIRE

Il vous faut :

- ✔ des livres (un par table)
- ✔ du papier kraft A4 ;
- ✔ une imprimante ;
- ✔ des ciseaux ;
- ✔ du tissu ;
- ✔ de la colle forte ;
- ✔ de la dentelle adhésive.

1. Choisissez les noms de vos tables et imprimez-les sur le papier de votre choix. Découpez-les.

2. Nous allons maintenant recouvrir le livre de tissu, comme vous le feriez avec du papier protège-livre. Prenez votre tissu et disposez-le sous votre livre. Découpez au format en prévoyant une marge de 3 à 4 cm sur tout le tour du livre.

3. Refermez le livre en rabattant à l'intérieur la marge de tissu que vous avez gardée.

4. Tenez le livre fermé. Dans l'excédent de tissu, faites deux encoches en diagonale de part et d'autre de la tranche du livre. Vous devez faire cette opération en haut et en bas du livre.

5. Ouvrez maintenant le livre. Vous aurez l'impression que la couverture est trop grande, mais ce jeu est nécessaire pour pouvoir fermer votre livre.

6. Glissez sous la tranche du livre les deux petits morceaux de marges découpés précédemment.

7. Rabattez alors le restant de vos marges sur l'intérieur de la couverture du livre et collez-les.

8. Une fois votre livre recouvert, placez le nom de votre table sur votre livre et collez des bandes de dentelle pour le maintenir.

LUTRIN

Il vous faut :

- quatre pailles de papier ;
- un pistolet à colle ;
- des ciseaux ;
- une feuille de papier avec le nom de la table.

1. Formez un trépied en disposant trois pailles et encollez-les au sommet grâce au pistolet à colle. Attention, c'est très chaud !

2. Fixez ensuite votre quatrième paille horizontalement sur les deux pailles de devant. Si elle vous paraît trop longue, n'hésitez pas à la couper.

3. Vous pouvez désormais poser votre nom de table (ou y mettre des photos souvenirs...).

Marque-places

POCHETTE RANGE-COUVERTS

Il vous faut :

- ✔ du papier kraft ;
- ✔ un crayon ;
- ✔ des ciseaux ;
- ✔ de la colle ;
- ✔ une étiquette au nom de l'invité.

1. Sur votre papier kraft, dessinez puis découpez votre gabarit à la taille de votre choix, en vous inspirant du modèle p. 208.

2. Pliez votre feuille en deux presque jusqu'à la moitié, en rabattant la partie basse vers le haut (voir croquis A).

3. Retournez ensuite votre feuille.

4. Rabattez alors vos marges extérieures et collez-les au dos de la pochette (voir croquis B).

5. Collez l'étiquette devant et glissez les couverts dans la pochette. Et voilà, l'affaire est dans la « pochette » !

Un marque-place à la fois nature et pratique !

MARQUE-PLACE BANDEROLE

Il vous faut :

- ✔ du papier calque ;
- ✔ un crayon à papier ;
- ✔ une règle ;
- ✔ du papier ;
- ✔ un verre à pied ;
- ✔ une paire de ciseaux ;
- ✔ du *masking tape*.

1. Sur du papier calque, tracez au crayon la forme du gabarit de la p. 208.
2. Reportez la forme sur votre papier autant de fois qu'il y a de convives et découpez l'ensemble des banderoles.
3. Inscrivez le nom de chaque convive sur les étiquettes.
4. Pour chaque verre, découpez un morceau de *masking tape* suffisamment long pour entourer son pied.
5. Collez votre banderole à l'extrémité du ruban adhésif, faites le tour du pied du verre et collez l'autre extrémité au dos de l'étiquette.

Un style simple et efficace !

MARQUE-PLACE PERLÉ

Il vous faut :

- ✔ un support à perles à repasser ;
- ✔ des perles à repasser ;
- ✔ du papier sulfurisé ;
- ✔ un fer à repasser ;
- ✔ une étiquette au nom de l'invité.

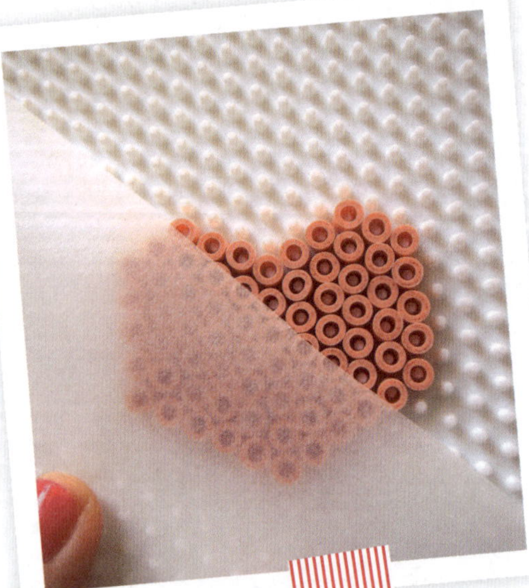

1. Sur votre support, disposez vos perles pour former un cœur.

2. Placez un papier sulfurisé sur votre forme et passez un coup rapide de fer à repasser. Vos perles fondent (un peu) et sont maintenant solidaires les unes aux autres.

3. Laissez refroidir avant de retirer le cœur de son support.

4. Glissez ensuite l'étiquette au prénom de votre invité entre les perles.

VOYAGE EN FORÊT

Un petit air de forêt qui investit vos tables !

Il vous faut :

- une scie ;
- des pommes de pin ;
- des étiquettes ;
- un stylo.

1. Sciez votre pomme de pin dans le sens de la hauteur sur environ 1 cm de profondeur (gare aux doigts !).
2. Écrivez (ou imprimez) le nom de votre convive sur votre étiquette.
3. Et insérez votre étiquette dans la fente de la pomme de pin.

ASTUCE

CUSTOMISEZ VOTRE POMME DE PIN EN LA RECOUVRANT ENTIÈREMENT DE PEINTURE OU EN PEIGNANT JUSTE SES EXTRÉMITÉS !

MARQUE-PLACE
SO GRAPHIC

Il vous faut :

- ✔ une planche de bois épaisse ;
- ✔ un crayon à papier ;
- ✔ une règle ;
- ✔ une scie ;
- ✔ de la peinture ;
- ✔ un pinceau
- ✔ une étiquette au nom de l'invité.

1. Tracez un triangle au crayon sur votre planche et sciez-la suivant les traits.
2. Faites une petite fente dans l'épaisseur du triangle sur environ 1 cm.
3. Glissez l'étiquette au nom de votre invité !

Des marque-places qui associent nature et géométrie ?
Je dis : " Oui ! "

Un petit air de poète romantique ! Et un côté chic qui sera très chouette !

PLUME DORÉE

Il vous faut :

- ✔ des paillettes ;
- ✔ un gobelet ;
- ✔ du papier journal ;
- ✔ une plume ;
- ✔ de la colle liquide ;
- ✔ un pinceau ;
- ✔ du vernis colle ;
- ✔ une perforatrice ;
- ✔ des étiquettes au nom de chaque invité ;
- ✔ de la ficelle.

1. Versez vos paillettes dans un gobelet.

2. Protégez votre table avec du papier journal. Appliquez de la colle au pinceau sur la pointe de votre plume.

3. Trempez-la ensuite dans les paillettes afin de la recouvrir et laissez sécher.

4. Appliquez du vernis colle sur les paillettes pour les faire tenir. Sans cette précaution, gare aux paillettes dans l'assiette !

5. Il ne vous reste plus qu'à perforer votre étiquette et à y nouer un morceau de ficelle.

MARQUE-PLACE ORIGAMI

Il vous faut :

- ✔ du papier à motif (ou pas) ;
- ✔ un crayon ;
- ✔ une règle ;
- ✔ des ciseaux ;
- ✔ une étiquette avec le nom de l'invité.

1. Tracez et découpez un carré de 15 cm de côté dans votre feuille de papier.

2. Pliez votre carré en deux dans la hauteur. Marquez le pli et redépliez votre feuille. La face imprimée doit être contre votre plan de travail.

3. Prenez le pan gauche extérieur et rabattez-le vers l'intérieur jusqu'au marquage central. Puis faites de même avec le pan droit.

4. Retournez votre feuille. Rabattez le pan gauche vers le centre et faites de même avec le pan droit.

5. Rabattez la partie haute sur la partie basse.
Le pliage doit être fait à la délimitation des motifs. Vous obtenez à nouveau une forme carrée. Pointe en bas, la base du cœur est formée.

6. Votre cœur est fendu en deux (je parle de votre papier, bien sûr !). Vous devez rabattre chacun des pans en diagonale vers l'intérieur de votre pliage pour obtenir le haut du cœur.

7. Glissez votre étiquette avec le nom de l'invité.

Photophores

PHOTOPHORE RÉCUP'

Il vous faut :

- ✔ une boîte de conserve vide ;
- ✔ un stylo à encre indélébile ;
- ✔ un clou à grosse pointe ;
- ✔ un marteau.

Qui a dit que l'on ne pouvait pas mêler poésie et conserve ?

ASTUCE

VOUS POUVEZ AJOUTER DU *MASKING TAPE* POUR HABILLER VOTRE NOUVEAU PHOTOPHORE OU BIEN PEINDRE L'EXTÉRIEUR DANS LES TONS DE VOTRE MARIAGE !

1. Après avoir bien lavé la boîte de conserve et retiré son étiquette, placez-la entre vos jambes pour bien la maintenir, comme dans un étau.

2. Choisissez un motif à reproduire (ici, une étoile). Au préalable, marquez les différents points de marquage en faisant des petits points au stylo à encre indélébile. Placez ensuite votre clou sur la boîte et enfoncez le clou en utilisant le marteau (et votre force légendaire !). Puis retirez-le.

3. Prenez patience et reproduisez l'étape 2 jusqu'à obtenir la forme souhaitée.

De jolis photophores romantiques !

EN TENUE DE SOIRÉE

Il vous faut :

- ✔ des pots de yaourt en verre ;
- ✔ de la dentelle adhésive.

1. Nettoyez bien votre pot de yaourt.
2. Décollez l'extrémité de votre rouleau de dentelle et posez la partie collante sur l'extérieur de votre pot. Faites-en le tour complet et coupez la dentelle nettement.
3. Vous pouvez répéter l'opération si vous le désirez, et même mettre différentes couleurs de dentelle !

BOUGIE EN DENTELLE

Il vous faut :

- ✔ des bougies chauffe-plat ;
- ✔ de la dentelle adhésive.

1. Décollez l'extrémité de votre rouleau de dentelle et posez la partie collante sur la coupelle en aluminium de la bougie. Faites-en le tour.

2. Une fois que votre dentelle entoure l'intégralité de la bougie, coupez en veillant bien à ce que la jointure soit nette.

Des bougies exposées aux yeux de tous, sans complexe !

PHOTOPHORE JOURNAL

Il vous faut :

- ✔ un bocal en verre ;
- ✔ un mètre souple ;
- ✔ du papier journal ;
- ✔ un crayon ;
- ✔ une règle ;
- ✔ des ciseaux ;
- ✔ de la colle forte liquide ;
- ✔ du papier calque ;
- ✔ une ficelle rouge,
- ✔ une bougie chauffe-plat ;
- ✔ du *masking tape* rouge à pois blanc.

1. Mesurez la circonférence de votre bocal, ainsi que sa hauteur.

2. Tracez sur votre papier journal un rectangle de la taille de vos mesures précédentes à l'aide d'une règle, et découpez-le.

3. Sur le papier calque, tracez un cercle de la taille souhaitée (ou utilisez l'un des gabarits présentés à la fin du livre) et reproduisez-le sur le journal avant de l'évider. Pour obtenir un bel effet esthétique, je vous conseille de découper votre cercle entre le premier et le deuxième tiers bas de votre morceau de papier. Votre fenêtre mettra ainsi en valeur votre bougie !

4. Collez ensuite votre journal sur le tour de votre bocal.

5. Nouez la ficelle rouge en haut du bocal.

6. Placez à l'intérieur du bocal votre bougie autour de laquelle vous aurez collé le *masking tape*.

Vases

VASE D'HIVER

Il vous faut :

- ✔ un bocal en verre ou un vase ;
- ✔ de la laine ;
- ✔ de la colle.

1. Encollez l'extrémité de votre pelote sur le bas du bocal puis, patiemment, enroulez la laine jusqu'à recouvrir l'intégralité du bocal.
2. Coupez votre fil et encollez son extrémité, en haut du vase cette fois-ci.

Ça fonctionne aussi l'été !

VASE VOLANT

Il vous faut :

- ✔ un napperon en papier ;
- ✔ des plumes ;
- ✔ de la corde ;
- ✔ des ciseaux.

Un air romantique va planer sur vos vases !

1. Avec votre corde, faites le tour de votre bocal, une à plusieurs fois selon votre envie. Ajoutez environ 10 cm pour pouvoir faire un nœud et coupez. Mettez ensuite votre corde de côté.

2. Placez votre napperon de papier au centre de votre bocal, ainsi que vos plumes. C'est maintenant le moment d'entourer votre composition avec la corde réservée. Nouez bien l'ensemble. Et voilà, le tour est joué !

100 % glitter !

VASE EN FÊTE

Il vous faut :

- ✔ du papier journal ;
- ✔ un gobelet ;
- ✔ du vernis colle ;
- ✔ des paillettes en tube ;
- ✔ un vase ;
- ✔ du scotch ;
- ✔ un pinceau.

1. Pour commencer, protégez bien votre plan de travail avec du journal.

2. Dans un gobelet, versez le vernis colle et les paillettes, puis mélangez.

3. Sur votre vase, délimitez la zone à customiser en collant une bande de scotch. Puis, avec votre pinceau, badigeonnez-la de vernis colle pailleté. Patientez jusqu'au séchage complet. Plusieurs couches peuvent être nécessaires.

4. Retirez ensuite, délicatement, votre scotch.

VASE GÉOMÉTRIQUE

Il vous faut :

- du large scotch marron ;
- des ciseaux ;
- un bocal ;
- de la peinture en bombe ;
- une boîte à chaussure.

1. Découpez des morceaux de scotch en forme de triangles et collez-les sur votre bocal.

2. Bombez la peinture sur l'extérieur du vase. Maintenez votre spray à environ 30 cm du bocal pour éviter les coulures. Pour cette seconde étape, je vous conseille d'aller dehors, car la peinture dégage une odeur très forte, et de disposer le vase dans une boîte à chaussures pour éviter de peindre le sol.

3. Une fois le vase sec, retirez délicatement les morceaux de scotch.

La salle

Guirlandes

GUIRLANDE DE FANIONS

Il vous faut :

- ✔ un support pour perles à repasser ;
- ✔ des perles à repasser (ce n'est pas que pour les enfants !) ;
- ✔ du papier sulfurisé ;
- ✔ un fer à repasser ;
- ✔ de la laine.

ASTUCE

RÉALISEZ-LA EN GÉANT OU EN MINI !

1. Sur votre support, déposez vos perles pour former vos fanions. Veillez à laisser deux emplacements libres pour faire passer le fil, comme sur la photo.

2. Placez du papier sulfurisé sur vos formes et passez un coup de fer à repasser. Laissez refroidir avant de retirer les fanions de leur support.

3. Glissez votre laine dans les trous libres. Une fois tous vos fanions enfilés, espacez-les régulièrement.

GUIRLANDE DE MINI-POMPONS

Il vous faut :

- ✔ de la laine ;
- ✔ des ciseaux ;
- ✔ une fourchette ;
- ✔ du *baker twine* (ficelle bicolore).

1. Coupez d'abord un bout de laine d'environ 20 cm et passez-le entre les deux dents centrales de votre fourchette (celle-ci est bien éduquée, elle ne mord pas !). Veillez à ce que 10 cm dépassent de chaque côté.

2. Prenez alors le fil de la pelote et enroulez votre laine horizontalement autour des dents de votre fourchette. Coupez le fil lorsque vous le désirez. Mais sachez que plus vous ferez de tours et plus votre pompon sera touffu.

3. Saisissez votre fil de laine central et faites un double nœud en enserrant la laine enroulée. Serrez le plus fort possible !

4. Retirez votre laine de la fourchette. Vous obtenez une espèce d'ellipse. Vous devez maintenant couper en deux les boucles qui forment le nœud.

5. Ébouriffez la laine de votre pompon. Il faut ensuite lui faire une belle coupe aux ciseaux pour obtenir un pompon bien régulier. Mais attention : vous devez conserver la longueur du fil qui a servi à faire le nœud !

6. Nouez ensuite l'ensemble de vos pompons sur votre *baker twine* pour constituer votre guirlande. Enfin, coupez les fils des nœuds qui dépassent.

GUIRLANDE DE TASSELS

La tendance "tassel" débarque !

Il vous faut :

- ✔ du papier de soie ;
- ✔ des ciseaux ;
- ✔ un pistolet à colle ;
- ✔ de la ficelle.

1. Dans votre papier, découpez un rectangle au format A4. Plus le format sera grand et plus le tassel sera imposant.

2. Pliez votre feuille en deux et découpez des franges régulières d'environ 10 cm de long.

3. Dépliez votre feuille et roulez-la de facon serrée dans la longueur. Vous obtenez une espèce de « boudin à franges » (oui, je sais, il y a plus glamour...).

4. Torsadez alors le boudin et pliez-le en deux. Vous obtenez une boucle.

5. Encollez la base de la boucle avec le pistolet à colle.

6. Répétez les étapes ci-dessus autant de fois que vous souhaitez de tassels. Puis enfilez ceux-ci sur votre ficelle. Votre guirlande est prête !

LA RONDE DES PAPIERS

Il vous faut :

- ✔ une jolie ficelle ;
- ✔ du papier calque ;
- ✔ un crayon à papier ;
- ✔ des papiers de différents coloris ;
- ✔ des ciseaux ;
- ✔ du *masking tape*.

Une bien jolie guirlande, à suspendre en solo ou à transformer en rideau !

1. Définissez la taille de votre guirlande et découpez votre ficelle.

2. Sur le papier calque, tracez au crayon votre cercle (ou utilisez les gabarits de la p. 208).

3. Reportez le cercle sur vos papiers colorés autant de fois que vous le désirez, et découpez l'ensemble des cercles.

4. Scotchez votre ficelle au dos de chaque cercle avec un morceau de *masking tape*. N'oubliez pas de laisser un espace entre chaque cercle.

5. Une fois la guirlande finie, retournez-la et accrochez-la au mur.

PÉTALES DE FEUTRINE

Il vous faut :

- ✔ des coupons de feutrine colorée ;
- ✔ un ruban de 3,5 cm de large au minimum ;
- ✔ des ciseaux ;
- ✔ des épingles ;
- ✔ du fil à coudre de la même teinte que votre ruban ;
- ✔ une aiguille à coudre.

1. Découpez des écailles de différentes tailles dans vos coupons de feutrine (voir le gabarit de la p. 204).

2. Coupez autant de longueur de ruban que celle de la guirlande souhaitée.

3. Disposez quatre écailles de feutrine sur votre ruban en les maintenant par des épingles. La partie arrondie de l'écaille doit être tournée vers l'extérieur du ruban.

4. Cousez vos écailles sur le ruban au point droit et retirez vos épingles de maintien.

5. Pliez ensuite votre ruban en deux dans sa hauteur et cousez toujours au point droit. Les bases de vos écailles sont désormais cachées.

6. Laissez ensuite l'espacement de votre choix, puis répétez les étapes 3 à 6, jusqu'à ce que votre guirlande soit complète. À vos aiguilles !

Pics décoratifs

PIC HEXAGAMOUR

Il vous faut :

- ✔ du papier calque ;
- ✔ un stylo ;
- ✔ une règle ;
- ✔ de la feutrine ;
- ✔ des ciseaux ;
- ✔ du fil à coudre ;
- ✔ une aiguille ;
- ✔ du rembourrage ou du coton boule ;
- ✔ des pics en bois (de type brochette) ;
- ✔ un bloc de polystyrène ;
- ✔ un pot ou une composition florale.

1. Sur le papier calque, tracez la forme du gabarit de la p. 208.

2. Reportez-la sur votre feutrine et découpez-la. Répétez deux fois l'étape pour obtenir le recto et le verso de votre hexagone.

3. Cousez maintenant les deux morceaux de feutrine, l'un contre l'autre, sur cinq côtés de l'hexagone.

4. Le sixième côté n'étant pas cousu, vous allez pouvoir remplir votre hexagone de rembourrage. Insérez ensuite votre pic en bois en le centrant.

5. Cousez maintenant votre sixième côté en contournant le pic en bois.

6. Plantez votre pic hexagonal dans le bloc de polystyrène. Cachez-le ensuite dans un pot ou au centre d'une composition florale. Parce que le polystyrène apparent, ce n'est pas terrible au niveau déco...

MIKADO CŒUR

Il vous faut :

- ✔ du papier calque ;
- ✔ un crayon ;
- ✔ de la feutrine ;
- ✔ une paire de ciseaux ;
- ✔ des rouleaux de *masking tape* ;
- ✔ des pics à brochettes en bois ;
- ✔ de la colle liquide.

1. Sur du papier calque, tracez un cœur selon le gabarit de la p. 204.

2. Reportez-le sur la feutrine et découpez-le.

3. Découpez maintenant des petits bouts de *masking tape* de différentes épaisseurs et motifs, et entourez les pics à brochette à la façon de mikados !

4. Encollez vos cœurs de feutrine au sommet des pics en bois. Vous pouvez désormais jouer à Cupidon...

PIC MOULIN À VENT

Il vous faut :

- ✔ du papier calque ;
- ✔ un crayon à papier ;
- ✔ du papier kraft ;
- ✔ des ciseaux ;
- ✔ une feuille carrée ;
- ✔ du scotch ou du *masking tape* ;
- ✔ de la colle liquide ;
- ✔ des pics à brochettes en bois.

ASTUCE

À UTILISER MONTÉ SUR PIC OU PAS !

1. Sur le papier calque, tracez un cœur (voir gabarit p. 204). Reportez-le sur votre papier kraft et découpez-le. Il sera utilisé pour le centre de votre moulin à vent.

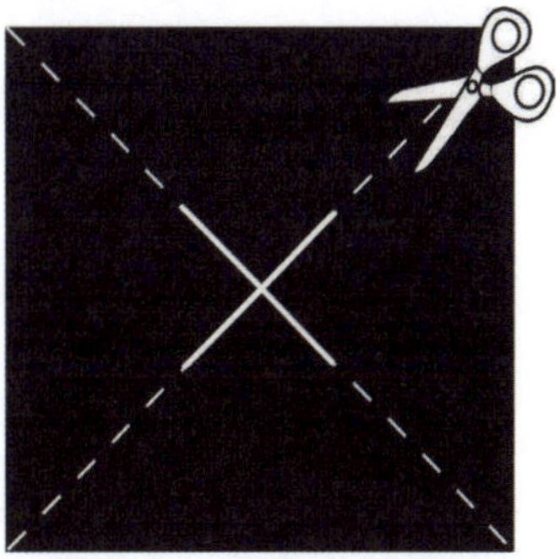

2. Prenez votre feuille carrée. Pliez-la en deux, suivant la diagonale. Dépliez-la et pliez-la ensuite selon l'autre diagonale.

3. À partir d'un angle, découpez un tiers de la diagonale marquée par votre pliage. Puis répétez l'opération pour chacun des angles. Vous obtenez huit pointes, c'est-à-dire deux pointes à chaque angle droit.

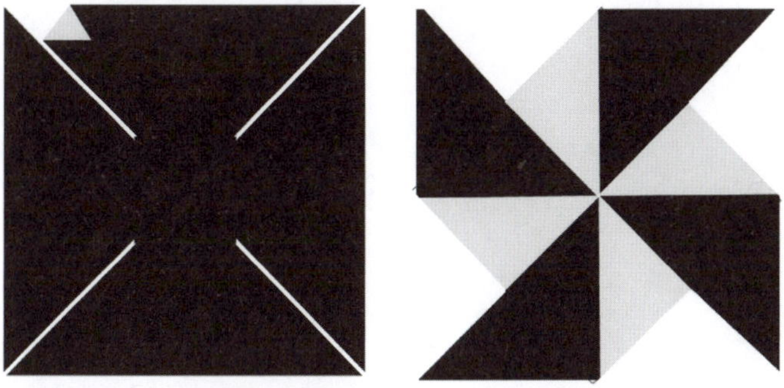

4. Vous devez maintenant rabattre une pointe sur deux vers le centre de la feuille.

5. Pour maintenir les pointes, scotchez-les, puis collez la forme du cœur que vous avez découpée préalablement.

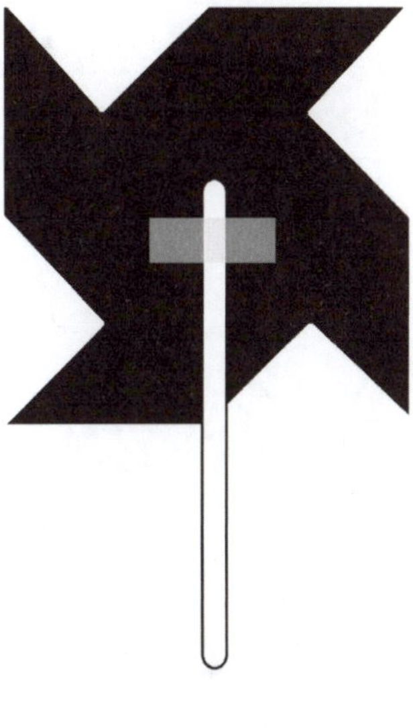

6. Montez votre moulin à vent sur un pic en bois en le scotchant au dos du moulin. Vous voilà désormais expert en création de moulins à vent !

Ornements muraux

PETITS CŒURS 3D

Des petits cœurs en 3D qui pourront tout autant servir de marque-places que de décorations murales !

Il vous faut :

- ✔ du papier calque ;
- ✔ un crayon à papier ;
- ✔ des feuilles de papier ;
- ✔ des ciseaux ;
- ✔ de la colle ;
- ✔ du scotch double face.

1. Sur le papier calque, tracez un cœur selon le gabarit de la p. 204.

2. Reportez-le sur votre papier et découpez-le.

3. Prenez-le, la pointe en haut, et coupez en deux dans le sens de la hauteur, jusqu'à la moitié. On obtient ainsi deux parties presque distinctes.

4. Remettez le cœur la pointe en bas. Recourbez les coins intérieurs de chacune des parties du cœur vers l'extérieur. Un V vide se forme alors au centre de votre cœur.

5. Mettez un point de colle sur l'extérieur d'un des pans recourbés.

6. Appuyez sur la pointe et saisissez les deux pans extérieurs avec votre seconde main.

7. Rapprochez les pans jusqu'à ce qu'ils se touchent et maintenez la pression. Ils sont désormais collés entre eux.

8. Collez ces petits cœurs 3D au mur avec du scotch double face. Et voilà que votre cœur s'emballe devant tant de beauté !

À suspendre aux rideaux, à accrocher au mur, à un arbre...

LAINE DANS LES AIRS

Il vous faut :

- ✔ du carton ;
- ✔ un crayon à papier ;
- ✔ un verre rond ;
- ✔ du papier calque ;
- ✔ de la laine ;
- ✔ des ciseaux.

1. Dessinez un cercle sur votre carton en contournant le verre avec votre crayon.
2. Sur le papier calque, tracez le motif de votre choix (ou utilisez les différents gabarits présentés à la fin du livre).
3. Reportez le motif au centre de votre cercle de carton.
4. Découpez alors votre cercle, ainsi que l'intérieur de votre forme.
5. Prenez votre fil de laine et nouez-le au cercle de carton.
6. Entourez le cercle de laine jusqu'à ce qu'il soit entièrement recouvert. Lorsque vous avez fini, faites un nœud et coupez votre fil.
7. Pour suspendre votre forme, coupez un bout de laine supplémentaire et nouez celui-ci autour du carton.

CŒUR CLOUTÉ

Il vous faut :

- ✔ du papier calque ;
- ✔ un crayon à papier ;
- ✔ des ciseaux ;
- ✔ une planche en bois ;
- ✔ du scotch double face ;
- ✔ des clous ;
- ✔ un marteau ;
- ✔ de la laine.

1. Sur le papier calque, tracez un cœur à la taille souhaitée. Après l'avoir découpé, collez-le sur votre planche de bois avec du scotch double face.

2. Prenez alors vos clous et enfoncez-les en suivant le tracé de votre forme. Les clous doivent dépasser de votre planche d'au moins 1 cm.

3. Une fois l'ensemble des clous plantés, retirez votre gabarit en papier et le scotch double face.

4. Prenez l'extrémité de votre pelote de laine et nouez-la à l'un de vos clous.

5. Il faut maintenant que vous tissiez votre laine autour des différents clous. Pour que la laine tienne bien, veillez à faire une boucle sur chacun des clous.

6. Pour finir votre création, faites à nouveau un nœud et coupez votre laine.

Un p'tit message en 3D à afficher !

MOT D'HIVER

Il vous faut :

- ✔ une bobine de fil de fer souple ;
- ✔ une pince coupante ;
- ✔ de la laine ;
- ✔ de la colle forte liquide.

1. Écrivez votre message en travaillant votre fil de fer. Les lettres doivent être formées en minuscules pour que le mot soit d'un seul tenant.
2. Coupez votre fil de fer avec la pince.
3. Collez l'extrémité de votre pelote à la base de la première lettre de votre mot.
4. Armez-vous de patience et enroulez votre laine autour du fil de fer en suivant la forme de vos lettres.
5. Une fois toutes les lettres « habillées », coupez la laine et encollez son extrémité sur la dernière lettre.

À accrocher au mur, à suspendre en l'air ou encore à poser sur une table !

ROSACE DE PAPIER

Il vous faut :

- des feuilles de papier ;
- de la colle liquide ;
- du scotch double face ;
- des ciseaux.

1. Prenez votre feuille de papier et faites un pliage en accordéon.

2. Pliez votre accordéon en deux parties et encollez-les entre elles. Vous obtenez ainsi une des parties de votre rosace.

3. Fabriquez les autres parties nécessaires pour que votre rosace soit complète et collez-les ensemble.

4. Pour cacher le centre de votre rosace, vous pouvez découper et y coller la forme de votre choix, un cœur par exemple. Collez votre rosace au mur avec du scotch double face.

love

POUR LE DESSERT
CAKE TOPPER

GUIRLANDE NATURE

Il vous faut :

- du papier calque ;
- un crayon à papier ;
- des cartonnettes de différents coloris ;
- des ciseaux ;
- du fil de nylon ;
- une aiguille ;
- deux pics à brochettes en bois.

1. Sur le papier calque, tracez au crayon une feuille d'arbre selon le gabarit de la p. 204.

2. Reportez-la autant de fois que vous le souhaitez sur les cartonnettes aux différents coloris, puis découpez toutes les feuilles d'arbre.

3. Coupez votre fil de nylon à la taille souhaitée pour la guirlande. Veillez à laisser de la longueur pour pouvoir le nouer sur vos pics.

4. Enfilez le fil sur votre aiguille et piquez vos feuilles. Pour chaque feuille, faites un point droit. Montez toutes les feuilles de votre guirlande.

5. Enroulez les extrémités de votre fil de nylon sur les pics à brochette avant de les nouer.

MESSAGE

Il vous faut :

- ✔ du fil de fer malléable de 0,7 mm de diamètre ;
- ✔ une pince coupante.

1. Découpez votre fil de fer avec la pince coupante en fonction de la longueur de votre message.

2. Tordez votre fil de fer (sans trop forcer : il est inutile de s'appeler Hercule !) pour former vos lettres, en veillant à laisser de la longueur avant et après votre mot afin de pouvoir planter le *cake topper* dans votre dessert.

CŒUR PAILLETÉ

Pour ce jour de fête, on peut se permettre de mettre des paillettes ! Ce petit cake topper brille de mille feux sur votre pièce montée ou vos mignardises !

Il vous faut :

- ✔ du papier calque ;
- ✔ un crayon à papier ;
- ✔ de la cartonnette ;
- ✔ des ciseaux ;
- ✔ de la colle liquide ;
- ✔ des cure-dents ;
- ✔ du *masking tape* ;
- ✔ un gobelet ;
- ✔ des paillettes ;
- ✔ de la colle en spray ;
- ✔ du vernis colle.

1. Sur le papier calque, tracez au crayon un cœur selon le gabarit de la p. 204.

2. Reportez-le sur votre cartonnette et découpez-le. Pour un *cake topper*, il vous faut compter deux cœurs.

3. Mettez de la colle liquide sur l'un des cœurs et placez votre pic en son centre. Encollez alors la seconde face de votre *cake topper* et laissez sécher.

4. Collez du *masking tape* sur votre cure-dent.

5. Versez vos paillettes dans un gobelet.

6. Vaporisez de la colle en spray sur le recto et le verso du cœur et plongez celui-ci dans votre gobelet, jusqu'à ce que l'ensemble soit recouvert de paillettes.

7. Passez ensuite une couche de vernis colle.

8. Retirez le *masking tape* protecteur.

Vive les mariés !

LES MARIÉS

Il vous faut :

- ✔ un support à perles à repasser ;
- ✔ des perles à repasser ;
- ✔ du papier sulfurisé ;
- ✔ un fer à repasser.

1. Sur votre support, disposez vos perles pour les mariés, comme sur la photo.

2. Placez un papier sulfurisé sur votre forme et passez un rapide coup de fer à repasser. Vos perles fondent et deviennent solidaires les unes aux autres.

3. Laissez refroidir avant de retirer les mariés du support.

4. Une fois les figurines en perles refroidies, plantez-les dans votre *wedding cake* grâce à leur base triangulaire.

URNES ET PHOTOBOOTH

Photobooth

OUI

Voici une jolie astuce pour rendre inoubliables vos photos souvenirs en créant un focus en forme de coeur ! Le principe est ultra-simple et le résultat superbe !

HALO D'AMOUR

Il vous faut :

- ✔ un appareil photo ;
- ✔ une règle ;
- ✔ du papier sulfurisé
- ✔ un crayon à papier ;
- ✔ une feuille de papier ;
- ✔ des ciseaux à ongles ;
- ✔ du *masking tape*.

1. Mesurez le diamètre de l'objectif de votre appareil photo.

2. Tracez sur votre papier sulfurisé un cercle au diamètre de votre objectif et reportez-le sur votre feuille de papier, puis découpez-le.

3. Dessinez ensuite un petit cœur (voir gabarit p. 204) au centre de votre cercle et découpez-le pour obtenir un pochoir. Fixez ce dernier sur votre objectif avec le *masking tape*. Faites un test avant le jour J, vous allez être conquis !

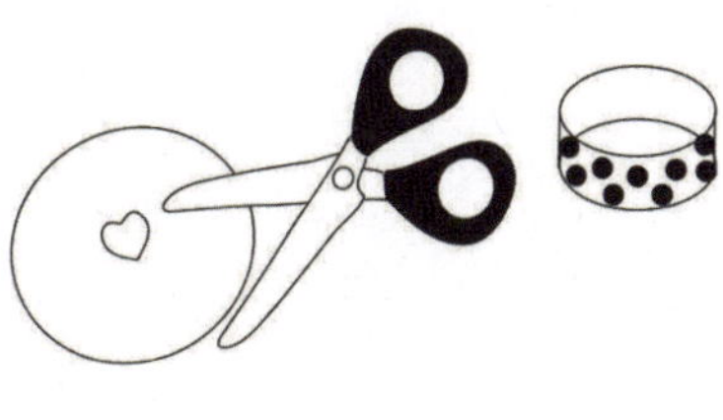

ASTUCE

AJOUTEZ DES STRASS SUR LES LUNETTES ET DES POILS SUR LA MOUSTACHE !

ACCESSOIRES FUN

Il vous faut :

- ✔ du papier calque ;
- ✔ un crayon à papier ;
- ✔ du papier coloré (au minimum 160 g) ;
- ✔ des ciseaux ;
- ✔ de la colle forte ;
- ✔ un pic à brochette en bois.

1. Sur le papier calque, tracez au crayon la forme de votre choix (gabarits A, B, C ou D de la p. 205).

2. Reportez la forme choisie sur votre papier coloré et découpez-la. Il vous faudra deux formes identiques pour former un pic recto verso.

3. Mettez de la colle au dos de la forme et disposez votre pic en bois (de préférence sur le côté pour plus de confort) avant de réunir le recto et le verso de votre accessoire. Appuyez bien pour que la colle adhère aux deux parties.

jolies urnes

VALISE

Il vous faut :

- du papier calque ;
- un crayon à papier ;
- des ciseaux ;
- des feuilles de papier coloré ;
- une valise ;
- du scotch double face.

1. Sur le papier calque, tracez au crayon des cercles selon les gabarits D, E, F et G de la p. 206 et découpez-les.

2. Reportez ensuite vos cercles sur les papiers colorés et découpez-les. Il vous faut de nombreux cercles afin de recouvrir l'intérieur de votre valise.

3. Ouvrez votre valise et collez, un à un (il est vrai que cela prend un peu de temps...), vos cercles grâce au scotch double face. Commencez par les cercles les plus grands jusqu'aux plus petits et n'hésitez pas à les superposer.

ASTUCE

METTEZ DES ENVELOPPES ET DES PETITES CARTONNETTES À DISPOSITION POUR VOS INVITÉS. ILS POURRONT AINSI GLISSER LEUR CADEAU ET LEUR PETIT MESSAGE EN TOUTE DISCRÉTION !

CAGE À OISEAUX

Il vous faut :

- ✔ du *baker twine* (ficelle bicolore) ;
- ✔ des ciseaux ;
- ✔ du *masking tape* ;
- ✔ une cage à oiseaux ;
- ✔ des enveloppes.

1. Découpez un morceau de *baker twine* de la longueur souhaitée pour réaliser une guirlande.

2. Prenez votre *masking tape* et coupez une bande d'environ 3,5 cm.

3. Placez votre fil au milieu de la bande sur la partie collante, puis pliez en deux votre *masking tape*.

4. Découpez ensuite un triangle au bas de votre *masking tape* pour en faire un fanion.

5. Réalisez autant de fanions que vous le désirez et espacez-les sur votre fil.

6. Attachez enfin votre guirlande sur votre cage et n'oubliez pas de mettre des enveloppes à disposition !

PETITS CADEAUX

BOÎTE 2 EN 1

ASTUCE

SI VOUS LE SOUHAITEZ, VOUS POUVEZ AUSSI AJOUTER UN JOLI RUBAN, DES PAILLETTES…

Une boîte cadeau qui peut faire marque-place !

Il vous faut :

- ✔ une boîte d'allumettes ;
- ✔ de la peinture ardoise ;
- ✔ un pinceau ;
- ✔ des bonbons ou autres pour garnir la boîte ;
- ✔ une craie.

1. Peignez l'étui de votre boîte avec la peinture ardoise et laissez sécher.
2. Garnissez votre boîte de bonbons ou autres.
3. Pour finir, inscrivez votre message à la craie.

On évite de manger tous les bonbons pendant la création des pochettes !

CŒURS GOURMANDS

Il vous faut :

- ✔ du papier calque ;
- ✔ un stylo ;
- ✔ des ciseaux ;
- ✔ de la feutrine ;
- ✔ une aiguille à broder ;
- ✔ du fil à broder ;
- ✔ des bonbons.

1. Sur le papier calque, tracez un cœur selon le gabarit de la p. 204.

2. Reportez deux fois le cœur sur votre feutrine et découpez.

3. Superposez vos deux cœurs et cousez-les entre eux au point roulé sur les bords extérieurs. Laissez une ouverture au sommet du cœur pour pouvoir le garnir.

4. Remplissez-le de bonbons et fermez-le définitivement au point roulé.

BOÎTE RÉCUP'

Il vous faut :

- ✔ un mètre souple ;
- ✔ des gobelets en carton ;
- ✔ un crayon ;
- ✔ des ciseaux ;
- ✔ une gomme ;
- ✔ un ruban.

Vos invités seront bluffés et votre porte-monnaie épargné !

1. Placez votre mètre autour de votre gobelet à environ 4 cm de la base, et faites un marquage léger au crayon.

2. Prenez alors les ciseaux et faites des entailles régulières sur la partie haute du verre, jusqu'au marquage.

3. Découpez le rebord de finition du gobelet de chaque entaille.

4. Rabattez les entailles en quinconce vers l'intérieur du verre. Si votre marquage au crayon est visible, gommez-le.

5. Garnissez votre boîte et maintenez-la fermée grâce à un ruban noué.

THÉ D'AMOUR

Il vous faut :

- ✔ du papier calque ;
- ✔ un crayon à papier ;
- ✔ du papier coloré ;
- ✔ des ciseaux ;
- ✔ des sachets de thé ;
- ✔ de la colle forte liquide.

1. Sur le papier calque, tracez au crayon un cœur selon le gabarit de la p. 204.
2. Reportez-le sur votre papier coloré et découpez-le.
3. Décollez l'étiquette de la marque de votre sachet de thé en veillant à ne pas abîmer la ficelle.
4. Pour finir, collez votre cœur à l'extrémité de la ficelle et laissez sécher.

BOÎTE PYRAMIDE

Il vous faut :

- ✔ du papier calque ;
- ✔ un crayon à papier ;
- ✔ une règle ;
- ✔ des feuilles de papier de 180 g au minimum ;
- ✔ des ciseaux ;
- ✔ une perforatrice ;
- ✔ de la ficelle.

1. Sur le papier calque, tracez la forme selon le gabarit de la p. 207, à l'aide d'une règle.

2. Reportez-la sur votre feuille de papier et découpez-la.

3. Pliez la feuille vers l'intérieur au niveau des pointillés et perforez-la au sommet de chaque pointe.

4. Passez ensuite votre ficelle dans les trous, comme sur la photo.

5. Garnissez, serrez et faites un joli nœud avec la ficelle.

Un cadeau idéal en cas de grosses chaleurs !

ÉVENTAIL EN ROSACE

Il vous faut :

- ✔ des feuilles à motifs carrées de 15 cm ;
- ✔ de la colle liquide ;
- ✔ un pistolet à colle ;
- ✔ deux bâtonnets en bois à glace ;
- ✔ une feuille de couleur unie ;
- ✔ du crayon à papier ;
- ✔ des ciseaux.

1. Prenez votre première feuille de papier et faites un pliage en accordéon.
2. Pliez votre accordéon en deux parties et encollez-les entre elles avec la colle liquide. Vous obtenez ainsi la moitié de votre rosace.
3. Fabriquez l'autre moitié et réunissez vos deux parties en collant deux pans entre eux. Laissez sécher.
4. Collez ensuite, au pistolet, les bâtonnets en bois à l'extrémité de chacune des moitiés de rosace.
5. Si vous voulez garder votre éventail ouvert, collez les deux bâtonnets entre eux.
6. Pour cacher le centre de votre rosace, dessinez et découpez un cercle dans le papier uni, puis collez-le au centre de la rosace.

BISCUITS *IN LOVE*

1. Retirez le sommet de votre canette en l'entaillant avec le cutter, puis en le découpant aux ciseaux.

2. Découpez ensuite une bande de métal d'environ 2 cm de large.

3. Créez ensuite une forme avec votre bande. Ici, on a choisi un cœur et un petit nuage.

4. Collez les deux extrémités de votre bande entre elles pour fermer votre emporte-pièce à biscuit.

5. Il vous suffit ensuite de faire la découpe de votre pâte sablée avec vos nouveaux ustensiles 100 % récup'.

6. Une fois vos petits gâteaux cuits, glissez-les dans des petits sachets et faites un joli nœud. Miam, miam !

Il vous faut :

- ✔ une canette vide ;
- ✔ un cutter ;
- ✔ des ciseaux ;
- ✔ de la colle liquide extraforte ;
- ✔ une pâte sablée ;
- ✔ des sachets transparents ;
- ✔ du ruban.

GABARITS

P. 160
P. 15
P. 174
P. 43
P. 193
P. 13
P. 99
P. 55
P. 155
P. 197
P. 24
10 cm
P. 16
P. 172
P. 151
P. 44

A

B

C

P. 182

D

P. 45

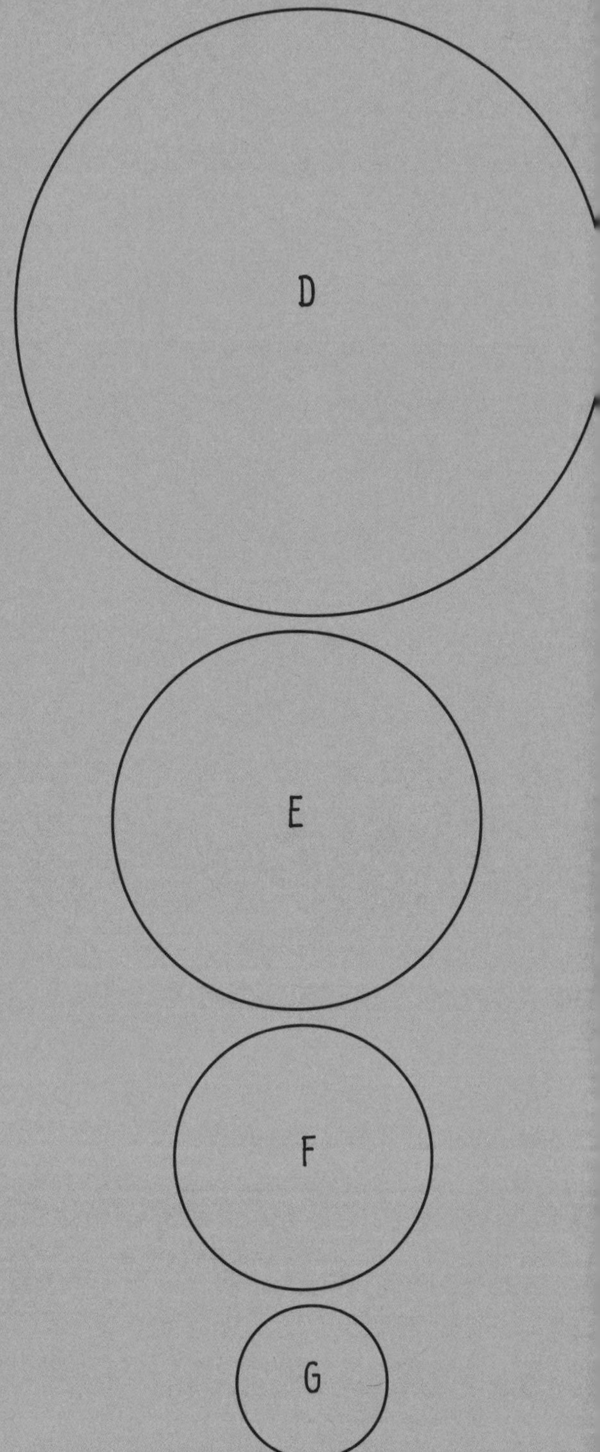

P. 188

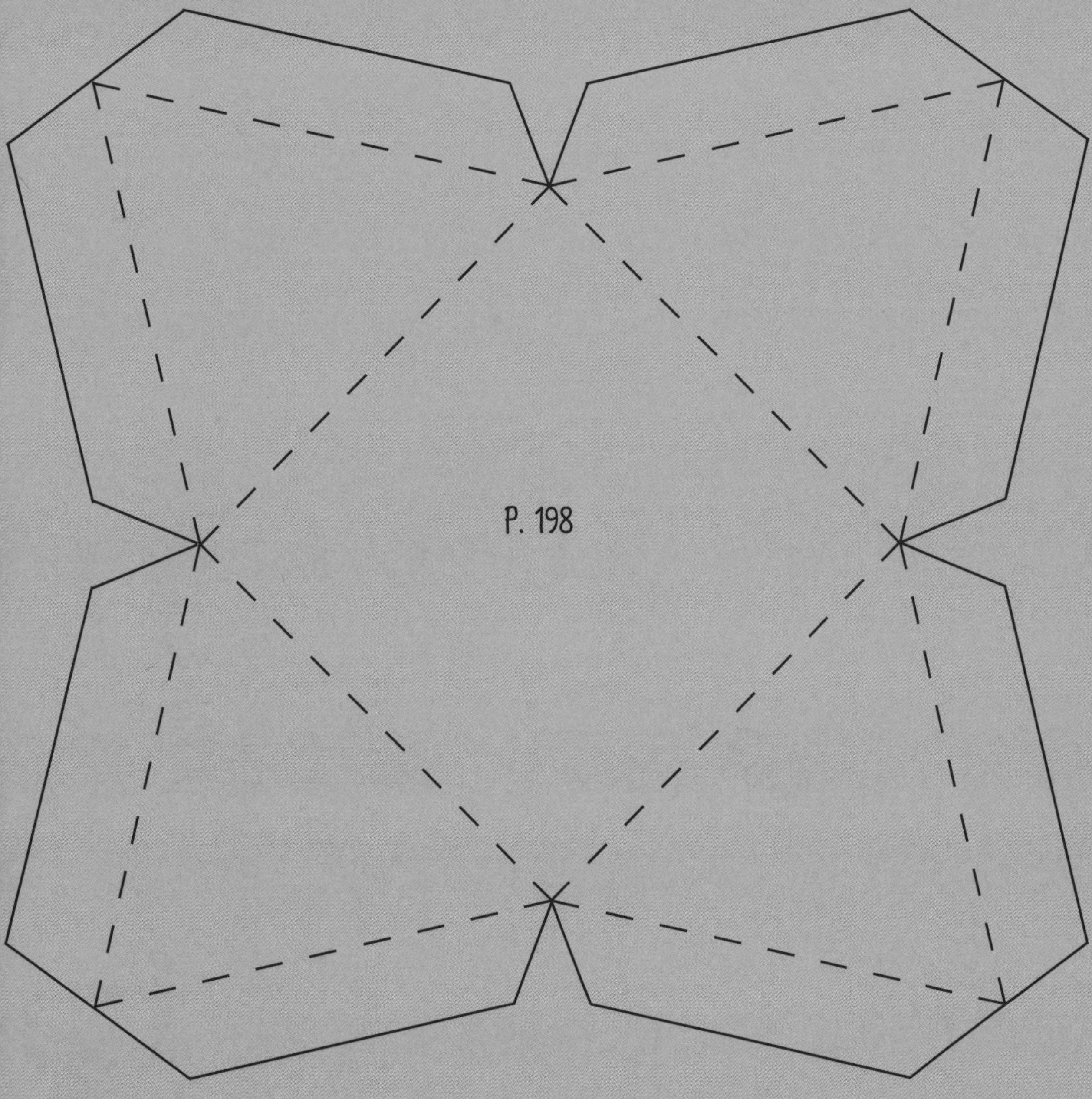
P. 198

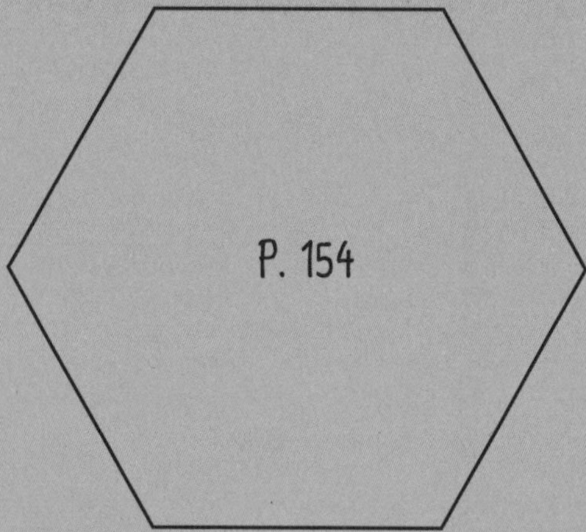
P. 154

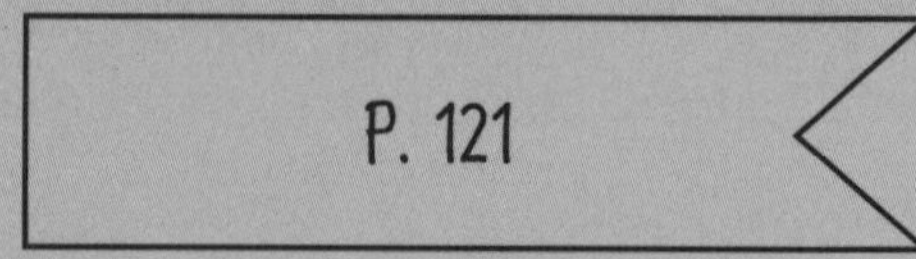
P. 121

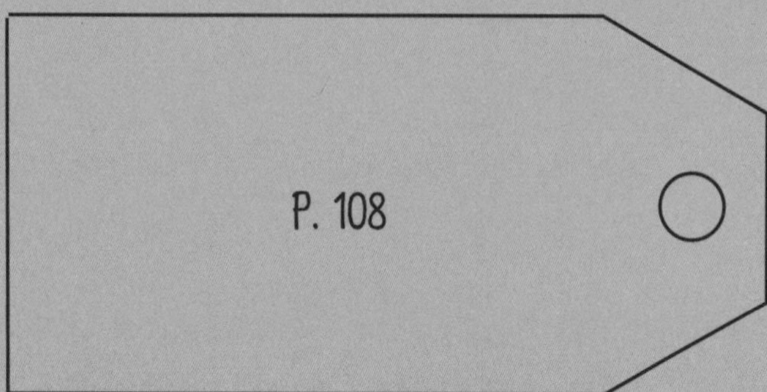
P. 108

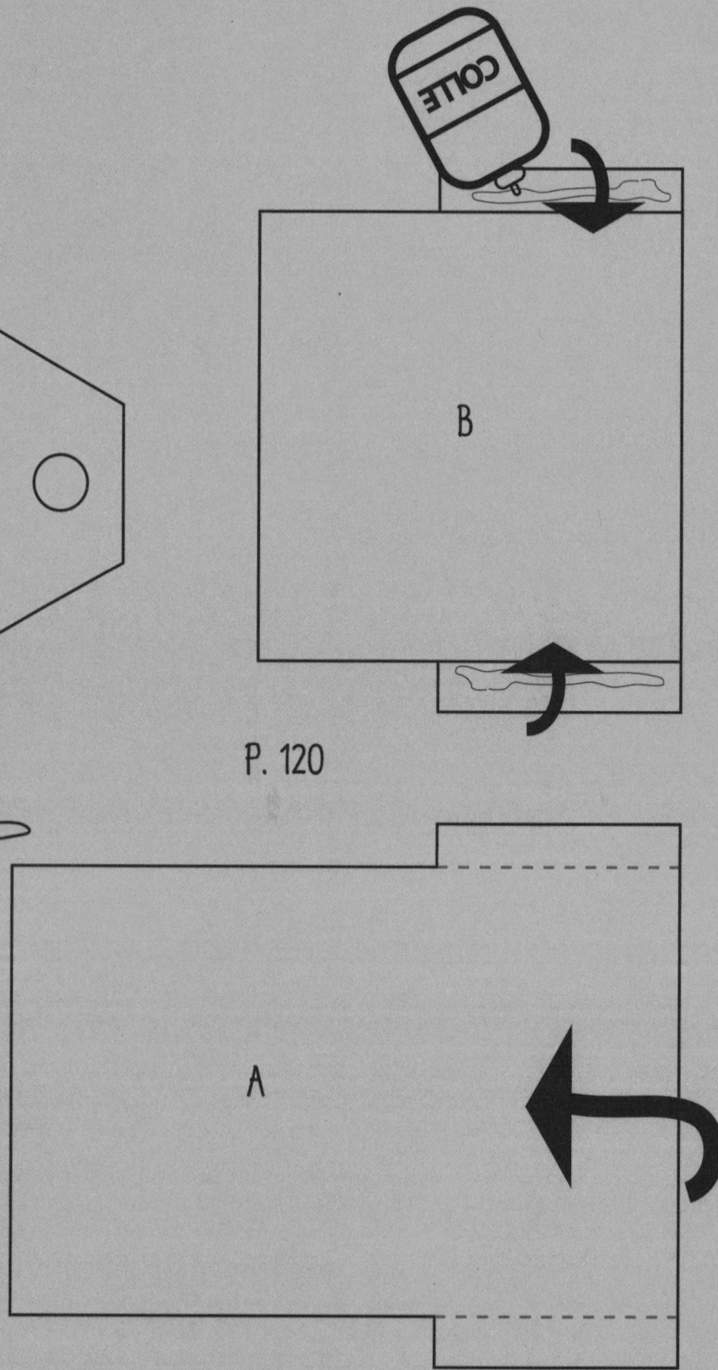
COLLE
B
P. 120
A

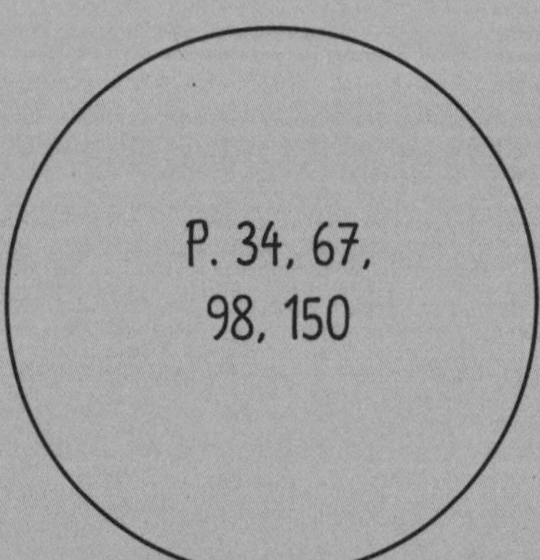
P. 34, 67,
98, 150